희망사회를 위한 제언

희망사회를 위한 제언

희망사회를 위한 제언

아사히신문 지음, 박경수·후지포럼 평역

희망사회를 위한 제언

지은이 아사히신문
평역자 박경수 · 후지포럼

초판 1쇄 인쇄 2010년 2월 8일
초판 1쇄 발행 2010년 2월 18일

펴낸곳 논형
펴낸이 소재두
편 집 김현경, 김가영
표 지 김예나
홍 보 박은정

등록번호 제2003-000019호
등록일자 2003년 3월 5일
주 소 서울시 관악구 성현동 7-78 한림토이프라자 6층
전 화 02-887-3561
팩 스 02-887-6690

ISBN 978-89-6357-802-6 04300
값   12,000원

이 도서의 국립중앙도서관 출판시도서목록(CIP)은 e-CIP 홈페이지(http://www.nl.go.kr/ecip)
에서 이용하실 수 있습니다.(CIP제어번호: CIP2010000286)

2009년 9월 일본에서는 아시다시피 역사적인 정권교체가 실현되었습니다. 지난 8월 말 총선거에서 야당인 민주당이 대승을 거둠으로써 오랜 세월을 집권해 온 자민당(자유민주당)이 드디어 야당으로 전락한 것입니다. 이런 기념할 만한 대변동의 흐름 가운데에 한국에서 저희 「아사히신문」의 시리즈 사설 "희망사회를 위한 제언"이 번역 출간되는 것은 대단히 의미 깊은 일로 생각됩니다. 이 작업을 기획한 강릉원주대학교의 박경수 교수와 번역을 담당한 일본학과 학생들, 그리고 간행을 맡아 준 논형출판사에 대해 사설 집필의 책임자로서 심심한 감사의 말씀을 드립니다.

자민당이 태동한 것은 1955년이었습니다. 그 후 1993년의 아주 짧은 한 시기를 제외하면 반세기 이상에 걸쳐 계속 정권을 담당했습니다. 그 사이 한국에서 이승만 정권부터 이명박 정권에 이르기까지 다이내믹한 정권교체가 거듭된 점을 감안하면 여러분께서도 자민당이 이례적으로 장기집권한 정당임을 쉽게 이해할 수 있겠지요.

이 정당은 좀 묘한 부분이 있어서 그동안도 최고 권력자인 수상(당 총재)은 빈번히 교체되었습니다. 당내에 다양한 세력이 존재하고 파벌 다툼이 성행하기 때문인데, 이 점도 장기집권을 유지하는 하나의 비결이었습니다. 그런 자민당이 결국 정권을 내줄 수밖에 없었던 것은 일본 사회에서 희망이 사라지고 미래가 불안해진 탓일 것입니다. 저희가 "희망사회를 위한 제언"을 연재하게 된 것과 마찬가지로 일본 국민 각자도 유사한 문제의식을 가졌기 때문이라고 생각합니다.

일본에는 2차 세계대전 직후 1947년부터 1949년 무렵에 태어난 사람들이 그 전후에 비해 압도적으로 많고 이들을 '단카이団塊 세대'라고 부릅니다. 실은 이 글을 쓰는 저도 그중 한 사람입니다. 고도성장을 향유한 이 세대가 이제 60세를 넘어서 정년을 맞았습니다. 자연스럽게 연금, 의료, 노인 요양 등에 의존하는 사람이 늘어갑니다만, 한편으로는 저출산이 빠른 속도로 진행되고 경제를 지탱할 젊은이들이 줄고 있습니다. 국가 재정은 이미 막대한 부채로 허덕이는 상태입니다. 게다가 경제는 침체 상황에 빠졌고 정치의 리더십은 점점 더 쇠미해질 뿐이니 도무지 미래에 대한 희망이 보이지 않는 것입니다.

정치가 미덥지 못하면 우리 스스로 '희망사회'를 위한 비전을 그려봐야 하지 않을까요? 그런 장대한 심정으로 지난 2007년 가을부터 반년 동안 심혈을 기울인 결과가 이 특집 시리즈 사설입니다. 신문이 그저 비판이나 논평만 하는 게 아니라 보다 적극적으로 사회의 미래를 위한 아이디어를 제시해야 할 때라고 저희는 생각했습니다. 연재를 마친 후 2008년 가을부터 미국발 금융위기가 세계를 뒤덮었고 일본도 엄청난 타격을 입었습니다. 희망은 더욱더 멀어진 것 같습니다. 그러나 저희가 제시한 비전의 의미는 한층 더 커졌다고 자부합니다.

실은 2007년 봄에도 저희는 또 다른 도전적인 시도를 했습니다. 일본국 헌법 시행 60주년을 맞은 5월 3일부터 "사설21"이라는 제목으로 일거에 21편의 사설을 게재하고 '일본의 신전략'을 제언한 것입니다. 한마디로 간추리면, 평화의 상징인 현행 헌법 9조를 유지하면서 보다 적극적으로 세계평화에 기여하기 위한 국제 전략입니다. 슬로건으로 내건 것은 '지구에 공헌하는 국가'였습니다. 국내외적으로 큰 반향이 있었으며 한국의 미디어도 상당한 관심을 표했습니다.

이번의 "희망사회" 시리즈는 앞의 "사설21"과 짝을 이루는, 말하자면 국내 전략 편으로 태어났습니다. 실현 가능성이 어느 정도일지는 차치하고라도 한국의 여러분께서 '일본의 현재'를 이해하는 데 도움이 되면 좋겠습니다. 내용 중에는 바로 지금이나 머지않은 장래의 한국에 그대로 적용할 만한 비전도 있으리라 생각합니다. 그런 의미로도 이 책을 잘 활용해주시면 더할 나위 없겠습니다.

2009년 9월

아사히신문 전 논설주간

와카미야 요시부미 若宮啓文

2009年9月、日本では歴史的な政権交代が実現しました。8月末の総選挙で野党の民主党が大勝し、長期政権を担ってきた自由民主党(自民党)が野に下ったのです。そういう記念すべき大変動の年に、韓国で朝日新聞の社説シリーズ「希望社会への提言」が翻訳出版されるのは、とても意義あることに思えます。これを企画された江陵大学の朴慶洙教授を始め、翻訳にあたった日本語学科の皆さん、そして論衡出版社に対して、社説の制作にあたった責任者として深くお礼を申し上げます。

自民党が生まれたのは1955年でした。以来、ほんの一時期を除き、半世紀以上にわたって政権の座にあり続けたのです。この間に韓国では李承晩政権から李明博政権までダイナミックな政権交代が繰り返されてきたことを思えば、自民党政権がどんなに異例の長期政権だったか分かるでしょう。

もっともこの党は不思議な政党で、この間にも頻繁に最高権力者の首相(党の総裁)が代わってきました。党内に多様な勢力があり、派閥争いが盛んだったからで、これも長期政権を維持する秘けつでした。

その自民党がついに政権を明け渡したのは、日本社会から希望が失われ、明日が見えなくなってしまったから。私たちが「希望社説への提言」を連載したように、国民がそれぞれこうした問題意識をもっていたからだと思います。

日本では第二次大戦後の1947~49年ごろに生まれた人々が圧倒的に多く、「団塊の世代」と呼ばれています。実は私もその一員ですが、高度成長を享受したこの世代がいま60歳を超え、定年を迎えています。年金、医療、介護などに頼る人たちが増えるわけですが、一方で少子化が進み、経済を支える若い人たちが減るのです。国の財政はすでに膨大な借金の山。おまけに経済は停滞が続き、政治の力は衰えるばかり。希望の見えるわけがなかったのです。

政治が頼りないなら、我々の手で「希望社会」のビジョンを描こうではないか。そんな壮大な気持ちで07年秋から半年にわたって取り組んだのが、このシリーズでした。新聞も批判や論評だけではなく、もっと積極的にアイデアを出すべき時だと考えたのです。連載を終えたあと、08年秋に米国発の金融危機が世界を襲い、日本も大波をかぶりました。希望はさらに遠のきましたが、このビジョンの意味はさらに大きくなったのではないでしょうか。

実は、私たちは07年春にも挑戦的な試みを行っていました。日本国憲法が施行60周年を迎えた 5月 3日に「社説21」と題して一挙21本の社説を掲げ、「日本の新戦略」を提言したのです。一言で言えば、平和のシンボルとして憲法 9条を維持しつつ、より積極的に国際平和に関与していこうという国際戦略で、掲げたのは「地球貢献国家」という目標。
内外で大きな反響を呼び、韓国メディアでも取りあげてくれました。

　この「希望社会」シリーズは、それとペアをなす国内戦略編として
生まれました。どこまで実現性があるかは別にして、「日本のいま」を
理解するうえで韓国の皆さんのお役に立つなら幸いです。 中にはい
まの韓国や将来の韓国にも当てはまるビジョンがある気もします。そ
の意味でも本書を大いに活用していただけるなら望外の幸せです。

2009年 9月

若宮啓文

（わかみや よしぶみ）

'연대형 복지국가'를 향하여

❖ 「아사히신문」은 주 1회, 시리즈사설 "희망사회를 위한 제언"을 게재합니다. 고령화가 더욱 진행된 20년 후를 바라보며, 추구해 가야 할 미래상을 그리고 싶은 심정으로 오늘은 그 시작을 알리는 특별판을 전합니다.

사는 보람이나 일하는 보람이 있고, 병에 걸리거나 나이를 먹었을 때 생활을 유지할 만한 제도가 있는 사회. 그런 '희망사회'를 만들려면 어떻게 해야 좋을까? 우리는 이 시리즈를 통해서 '연대형 복지국가'를 제언하고 싶다. 그 첫 회로 여기서는 전체적인 구도를 제시하고자 한다.

왜 '연대'가 필요한 것일까? 우선 수익과 부담의 상관관계로부터 생각하고 싶다.

다음의 그래프를 보자. 선진국 그룹인 경제협력개발기구(OECD)[*]에 속

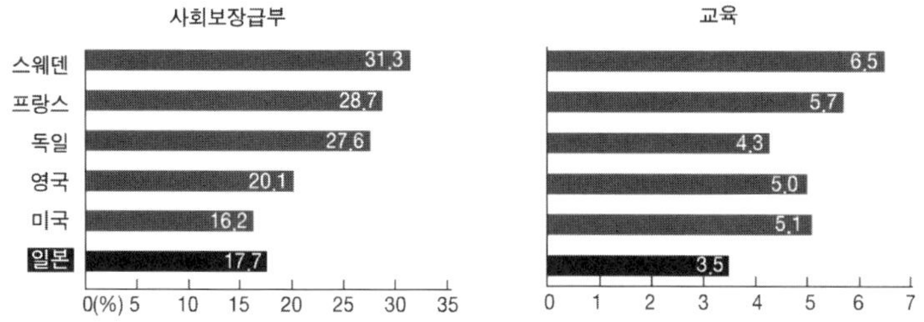

| 사회보장도 교육도 재정지출은 적다(국내 총생산에 대한 비교)

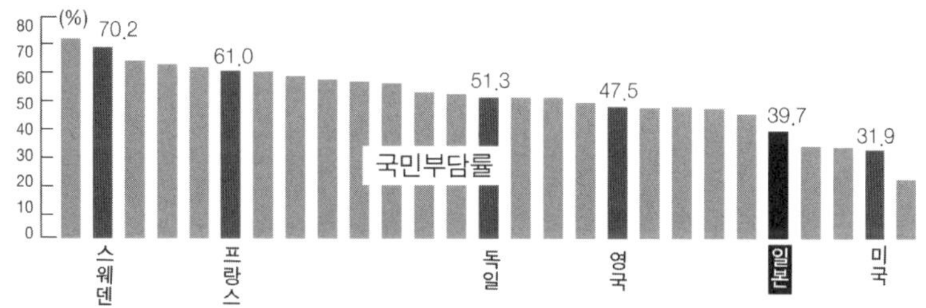

| 부담도 저수준(OECD 27개국의 순위. 02~07년 국민소득에 대한 세금 · 사회보험료 비율)

다른 선진국과 비교한 일본 (아사히 제공)

한 여러 나라 중에서 일본은 사회보장도 교육도 국가적인 수익이 낮은 부류에 속한다. 동시에 세금에 의료와 보건 등 사회보장에 관련된 비용을 더한 국민부담률도 하위에 속한다. 우리가 실감하는 바와는 다를지 모르겠지만 '저低복지 · 저부담'인 미국에 가깝다. '고高복지 · 고부담'인 유럽, 특히 북유

* **경제협력개발기구**(Organization for Economic Co-operation and Development, **약칭 OECD**)_유럽, 북미 등의 선진국을 중심으로 하여 국제경제 전반에 관하여 협의하는 것을 목적으로 한 국제기관이다. 본부는 프랑스 파리에 있다. 시장경제를 원칙으로 하는 선진국에 의해서 구성되었기 때문에 '선진국그룹' 또는 '부자그룹'이라고도 불린다. 일본은 1964년 4월에 가입하였고 한국은 1996년 12월 회원으로 가입하였다. 현재 총 회원국은 30개국이다.

럽의 여러 나라와는 크게 다르다.

앞으로도 연금이나 의료·노인 요양과 같은 고령자를 대상으로 하는 복지는 적어도 현재의 수준을 유지했으면 좋겠다. 게다가 유럽의 여러 나라에 비하여 빈약한 저출산 대책이나 실업·고용 대책, 나아가서 교육에는 더 힘을 들여서 최소한 '중中복지'국가가 되어야 한다.

하지만 일본의 저출산·고령화는 인류가 지금까지 경험하지 못한 초스피드로 진행되고 있다. 이 속도를 재정 면이나 서비스 제공 면에서 따라잡기는 매우 어려운 일이다. 국민의 부담도 증가할 수밖에 없겠지만 그 전에 대대적인 개혁이 필요하다. 정부가 복지의 내용을 일률적으로 결정하는 현재의 방식으로는 지역의 실정에 적합한 서비스를 할 수 없고 경비도 늘어나기 때문이다.

국민의 생활과 가까운 시·정·촌*에 권한과 재원을 철저하게 이전하고 시·정·촌이 자유롭게 지혜를 짜내어 복지와 교육에 대한 서비스를 제공하는 방식으로 전환하는 편이 좋다. 연금과 같은 일률적인 '현금 지급'은 국가가, 의료·노인 요양·교육과 같은 서비스에 대한 '현물 지급'은 현지의 사정을 잘 알고 있는 지역이 담당하는 구조다.

지역정부를 만들자

그렇다면 그 주체는 종래의 자치체라고 하기보다는 중앙정부로부터 자립한 '지역정부'라고 부르는 쪽이 어울린다. 이 지역정부에 비영리조직NPO[**]

---

* 시·정·촌_일본의 기초자치체인 시(市), 정(町), 촌(村)의 총칭이다.

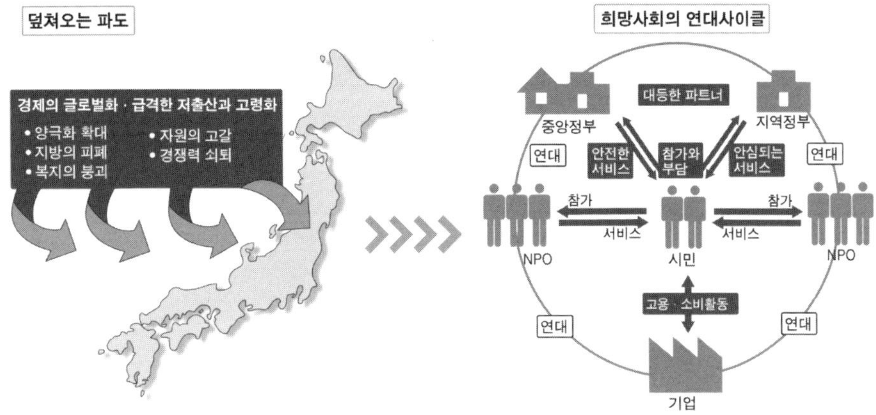

연대 사이클 개념도 (출처: 아사히 제공)

에 속한 시민이 참가한다. 이 연대에는 기업도 사회의 일원으로서 참가한다. 그러한 '연대'의 사이클이 없다면 희망이 있는 복지사회는 어려울 것이다. 그 개념도를 그림으로 그려 보았다.

시민이 지역정부와의 연대에 적극적으로 참가하게 되면 예산의 입안이나 심의, 집행에 대한 감시도 엄격해진다. 이것이 시민 참여에 의한 21세기형 민주사회다. 이미 많은 지역에서 시민 참여를 위한 시도가 행해지고 있다. 결코 순탄한 길은 아니지만 그런 시행착오가 일본 전역으로 침투해 간다면 세금 증가의 부담을 억제하면서 보다 질 높은 복지사회를 만들 수 있을 것이다. 이런 방법으로 '중복지·중부담'을 목표로 삼으면 어떨까?

이러한 사회는 분명히 활발한 경제활동이 뒷받침되어야만 가능하다.

** 비영리조직(Non-Profit Organization, 약칭 NPO)_영리를 목적으로 하지 않고 사회 각 분야에서 자발적으로 활동하는 각종 시민단체를 의미한다. NGO(Non-Governmental Organization, 비정부조직)도 넓은 의미에서 NPO의 한 부분이라고 할 수 있다.

중국이나 인도 같은 아시아의 여러 나라가 급속한 발전을 하기 시작하여 일본을 추격하고 있다. 뒤처지지 않기 위해서는 지식과 기술이 넘쳐나는 산업이나 기업을 육성해야 한다. 최첨단의 기술을 구사하는 제조업은 일본이 세계를 이끌어 온 분야다. 세계 최고의 기술을 자랑하는 도시도 그 변두리에는 소규모 공장이 드물지 않다. 제조업을 중시하면 지역의 활성화로 이어져서 일자리를 확보할 수 있고 지금의 격차 사회*도 개선할 수 있다.

연구개발에 대한 투자를 늘린다. 연구자나 기술자를 육성하는 교육이나 훈련제도도 확대한다. 기술혁신으로 경쟁력을 높이려면 창의력이 있는 인재를 육성하거나 널리 세계로부터 인재를 구하는 것이 중요하다.

증세는 복지 분야로 한정하자

고민스러운 것은 복지를 위한 비용을 어떻게 부담하느냐 하는 문제다. 효율적인 복지만을 추구해서는 고령화에 대응하면서 사회보장을 유지하고 향상시키기 위한 재원이 부족할 것은 불 보듯 뻔하다. 그때는 소비세**를

---

* **격차 사회**_과거 일본은 고도성장기와 안정기를 거치며 '일억 총 중산층(一億総中流)'이라는 유행어가 나돌 정도로 소득 격차가 심하지 않았으나, 1980년대 거품경제를 거치면서는 자산의 격차가 확대되었다. 그 후 긴 경제침체기를 거친 일본은 2000년대 고이즈미 정권하에서 신자유주의 경제정책을 강력히 추진함으로써 '빈곤'이 사회적인 문제로 대두될 정도로 사회양극화가 심화되었다.

** **소비세(消費税)**_물품과 서비스 상품의 가격에 일정한 세금을 부여하는 것이다. 일본은 1989년 4월 처음으로 소비세법을 시행할 때 그 세율이 3%였고 1997년에 5%로 인상되어 현재까지 이르고 있다. 한국에서는 이를 부가가치세(附加價値税)라 하며 세율은 10%다.

중심으로 한 증세나 보험료의 인상을 통해 많은 사람들에게 폭넓게 부담을 지울 수밖에 없을 것이다. 그 경우에는 증가한 세금으로 국민에 대한 어떤 서비스를 유지, 향상시킬 것인가를 명확히 하여 반드시 국민의 납득을 얻어야 한다.

과거 국가가 진 채무를 갚는 것도 필요하지만 채무의 해결은 경제성장이 가져다주는 세금 수입의 자연 증가나 낭비를 철저하게 없애는 것으로 실현시키고 증가한 세금은 채무 변제에 사용하지 않는다. '연대'의 사상과 이러한 재정원칙을 관철하는 것이 희망사회를 만드는 기반이다.

20년 후의 미래도를 그리자

'아이가 줄고 고령자의 수가 늘어난다. 사회보장에 주력하고 싶어도 거액의 재정적자가 짓누른다. 게다가 경제 글로벌화라는 큰 파도가 밀려와서 생활수준의 저하를 강요한다. 일본은 쇠퇴일로를 걸을 수밖에 없다······.' 이런 비관론이 일본을 뒤덮고 있다.

무라카미 류村上龍의 소설 『엑소더스』(『希望の国のエクソダス』, 文藝春秋, 2000)에 등장하는 소년은 "이 나라에는 뭐든지 있어. 하지만 희망만은 없어"라고 잘라 말했다.

거품경제가 남긴 산더미 같은 불량채권, 그 처리를 우선시한 고이즈미 정권(小泉政權, 2001~2006)의 '개혁' 노선에 이끌려 일본 경제는 '잃어버린 10년'이라는 긴 터널을 겨우 빠져나왔다. 그러나 그 여파는 사회의 여러 곳으로 계속 확대되고 있다. 앞으로의 일본은 어디로 향해야 좋을까? 현재는 방향

감이 모호하다.

경제규제가 완화되고 시장경쟁이 격렬해지면 경제는 활성화된다. 하지만 경쟁이 지나치면 양극화가 확대되고 경쟁에서 밀려난 사람들의 불안이나 불만이 사회를 불안정하게 만든다. 그렇다고 해서 세금 부담을 가중시켜서 복지가 확대되고 사람들이 복지에 지나치게 의지하게 되면 일할 의욕이 떨어진다. 그 때문에 경제기반이 약해지면 복지 그 자체를 유지할 수 없게 된다.

유럽과 미국도 고심하고 있다

일본이 안고 있는 딜레마는 결코 일본만의 문제는 아니다. 오랫동안 일본이 모델로 삼아 온 구미의 여러 나라들 또한 고심하면서 동요하고 있다.

그 대표적인 나라가 영국이다. 2차 세계대전 이후 가장 먼저 '요람에서 무덤까지'라고 불리는 복지제도를 정비했지만 그에 따른 재정 부담이 무거운 짐이 되었다. 복지제도가 재정에 어려움을 주고 있다고 판단한 대처 정권(1979~1990)은 복지 수준을 낮추고 국영기업을 민영화했다. 경제규제를 완화시키고 시장원리를 도입하여 경제를 회복시키자는 시도였다. 즉, '작은 정부' 노선이다.

그 후 등장한 블레어 정권(1997~2007)은 '제3의 길"이라는 슬로건을 내걸

* **제3의 길(The Third Way)**_사회주의의 경직성과 자본주의의 불평등을 극복하려는 새로운 이념 모델이다. 영국의 사회학자 앤서니 기든스(Anthony Giddens, 1938~) 등에 의해 주장되었다. 영국 노동당의 블레어 정권(1997~2007)이 가장 유명하다.

고 노선을 수정하였다. 시장의 기능을 살려서 경제의 활성화를 도모함과 동시에, 허술했던 교육이나 의료를 재정비한다. 바로 복지사회와 작은 정부의 절충점을 찾은 것이다.

미국도 '작은 정부'를 내세운 레이건 정권(1981~1989) 이후, 그 부작용으로 생겨난 사회문제를 개선하는 데 골머리를 앓고 있다. 한편, 세계적으로 복지제도가 가장 충실히 시행되고 있는 북유럽의 여러 나라도 제도 보완을 위한 시행착오를 겪고 있다.

2차 세계대전 이후, 일본은 공공사업이나 복지의 확대를 통해서 '큰 정부' 노선을 걸어왔지만 나카소네 정권(中曽根政權, 1982~1987)은 규제 완화와 민영화를 중심으로 한 행정 개혁을 통해 '작은 정부'로 전환을 꾀했다. 그 후 우여곡절을 겪고 수립된 고이즈미 정권의 개혁도 그 연장선상에 있었다.

'실망'을 극복한 '희망'이야말로

비효율적인 '관'을 개혁하고 '민'이 경쟁력을 갖기 위해서는 시장경제의 논리를 이용하는 것이 유효하다. 그러한 점에서 아직도 지속적인 개혁이 필요하지만 동시에 사람들이 힘든 상황에 처했을 때 생활이나 고용을 지켜주는 충실한 사회안전망이 없어서는 안 된다. 사회안전망이 충실하지 않으면 안심하고 일할 수 없다.

'일본에 희망이 없다'라고들 말하는 이유는 무엇일까? 2005년에 '희망학 프로젝트''를 시작한 도쿄대학의 겐다 유지玄田有史 교수는 이와테현岩

手県 가마이시시釜石市에서 실시한 현장조사를 통해서 "실망을 극복한 희망이야말로 진정한 희망이다"라고 강조했다.

가마이시시는 신니혼제철新日本製鉄이 1989년에 용광로를 정지한 이후 불황에 빠진 일본의 현주소를 상징하는 듯한 지역이었으나, 제철산업을 통해 축적한 기술이나 지역 주민들의 강인한 기질을 기반으로 새로운 기업군을 육성해 왔다. '희망학 프로젝트'는 이 조사를 통해서 희망은 막연한 바람이 아닌 '장래에 대한 구체적인 전망'을 통해 생긴다는 것을 배웠다고 한다. 일본은 거품경제의 붕괴로 2차 대전에 이어 두 번째로 패배와 실망을 맛보았다. 일본을 위해 지금 필요한 것은 '구체적인 전망'일 것이다.

「아사히신문」은 헌법제정 60주년을 맞이한 올해(2007) 5월 3일자 사설 특집 "사설21 제언·일본의 신전략"*에서 '지구공헌국가'라는 구상을 내놓았다. 세계를 향한 그와 같은 구상을 실현하기 위해서는 일본 스스로 체력

* **희망학 프로젝트**_ "최근 일본은 젊은이의 실업이 증가하고 경기의 정체뿐만 아니라 장래에 대한 희망도 찾을 수 없는 분위기다. 이런 현상은 비단 일본만이 아니라 세계적으로도 선진국에서 공통적으로 발견되는 현상이다." '희망학 프로젝트'는 이러한 인식을 바탕으로 도쿄대학 사회과학연구소의 조교수인 겐다 유지(玄田有史)가 중심이 되어 2005년부터 시작한 연구과제다.
지금까지 '희망'은 개인의 심리나 감정의 하나로 다루어지는 일이 많았지만, '희망학'에서는 '희망' 그 자체가 사회 환경에 의해 영향을 받는다는 면을 중시하였다. 그리고 개개인이 갖는 희망이 나아가 사회 전체에도 영향을 가져올 가능성이 있다고 본다.
* **사설21 제언·일본의 신전략**_지구온난화와 인구의 급증, 글로벌화에 의한 폐해와 같은 지구상의 여러 가지 현안에 대해서, 일본이 세계적으로 앞서 있는 에너지 절약이나 환경에 관련된 기술과 일본이 지닌 문화적인 힘을 통하여 이러한 문제 해결에 공헌한다. 즉, "여러 가지 국제 활동에서 국제사회를 돌볼 수 있는 역할을 하자". 그것이 일본의 국익으로도 직결된다는 내용을 골자로 한다.

을 유지하고 또 단련해 가야 한다. 이 "희망사회를 위한 제언" 시리즈는 일본을 뒤덮은 비관론으로부터 빠져나와 '지구공헌국가'라는 과제에 대응할 수 있는 미래도를 그리자는 의미를 담고 있다.

제언의 주된 내용

· 지역정부를 구성하여 주민의 생활에 대한 결정권을 넘기자.

· 새로운 일본식 경영으로 21세기에 맞는 고용관계를 구축하자.

· 복지의 유지 및 확충은 최소한의 증세로 감당하자.

· 나라의 빚을 더 늘리지 말고 장기적으로 관리하자.

· 모든 공적 연금을 일원화하자.

· 고령화사회를 지탱할 수 있는 의료·노인 요양제도를 만들자.

· 아이를 낳기 쉽고 키우기도 쉬운 사회를 만들자.

· 모든 사회적인 연대의 주역은 시민과 NPO에게 맡기자.

· 일할 의욕과 현장 능력을 중시하는 교육을 하자.

· 지식과 기술을 융합한 최첨단 산업을 육성하여 세계와의 경쟁을 극복하자.

희망은 시대를 비추는 거울이다

그리스신화는 판도라의 상자에서 갖가지 재앙이 이 세계로 쏟아져 나왔으나 희망만은 끝까지 상자 속에 남았다고 한다. 인류의 역사와 함께 해 온 희망이지만, 그 실상은 각각의 시대나 사회를 반영한다.

음악 정보를 제공하는 오리콘에 의하면 '희망'이라는 단어가 타이틀에 들어간 CD는 올해(2007) 이미 370장을 넘었다고 한다. "미래를 밝히는 빛을 찾아내자는 격려조의 곡이 많다"고 고이케 고小池恒 사장은 말했다.

일본 국립국회도서관에 등록된 문헌 정보를 검색하면 '희망'이 제목에 들어간 책은 1990년대 후반부터 늘기 시작하여 2000년대에 이르면 그 기세가 더욱 강해지고 있다. 고난의 시대를 극복하려는 지금 일본 사회가 필요로 하는 것은 '치유'와 '희망'이 아닐까?

그리고 보면 1992년 미국 대통령 선거에서 당선된 클린턴(William Jefferson Bill Clinton, 1946~) 씨는 아칸소주 남부의 '호프Hope'라는 마을에서 태어났다. 일본과의 무역전쟁에서 패해 자신감을 잃어버린 미국 국민은 젊음이 넘치는 그에게 '희망'을 걸었다.

2007년에 취임한 후쿠다福田 수상은 소신을 밝히는 연설에서 '자립·공생'과 함께 '희망·안심'을 정책으로 내세웠다. 어떻게 실현시킬 것인가? '희망'에 대한 논의가 활발해지길 기대한다.

중복지와 중부담의 일본 사회

소위 '거품 붕괴' 이후, 일본 경제는 1990년대 내내 장기 침체를 경험했다. 2000년 대에 들어서서 고이즈미 수상의 신자유주의 노선에 입각한 강력한 개혁정책으로 경제는 일단 회복 국면을 맞았다. 그러나 한편으로는 '일억 총 중산층'의 신화가 무너지고 '격차 사회'라는 말이 유행할 정도로 소득의 양극화 현상이 심화되면서, 미래에 대한 국민의 불안감도 계속 심화되었다. 총 24회(2007.10~2008.4)에 걸친 아사히의 특집 시리즈 사설 "희망사회를 위한 제언"은 바로 그 시점에 나온 것이다. 하지만 시리즈가 종료된 지 불과 몇 개월 후인 2008년 9월부터 미국발 금융위기가 세계를 휩쓸었으며 일본도 직격탄을 맞았다.

예기치 못한 미증유의 경제위기를 맞아 혹자는 일본의 미래에 대비하기 위한 아사히의 중장기적인 제언이 이미 의미를 잃었다고 쉬이 단정하기도 한다. 하지만 과연 그럴까? 요동치는 경제 현실에는 당연히 그 나름의 대책이 시급하며, 선진 각국과 마찬가지로 일본 정부도 신속한 경기부양을 위해 진력하고 있디. 문제는 화급한 현안을 어떻게든 수습하더라도 일본 사회의 심부에 도사린 절망적인 악순환의 구조는 여전히 남을 수밖에 없다는 점이다. 문제의 근원은 바로 저출산·고령화다. 부양해야 할 노인 인구는 계속 늘어 가는데 일할 수 있는 젊은 이는 점점 줄어든다……. 아사히의 제언은 이런 절망적 구조 속에서 그나마 '희망'이란 불씨를 지피기 위해 앞으로의 일본이 어떻게 변화해야 하는가를 다각도로 제기한다.

아사히가 그리는 20년 후 일본의 미래는 북유럽형의 고복지·고부담도, 미국식의 저복지·저부담도 아닌 현재와 같은 중복지·중부담의 사회를 앞으로도 유지하자는 것이다. 그것을 실현하기 위한 핵심적인 방법론이 '연대형 복지국가'로의 전환이다. 연대의 주체는 주민복지를 가장 가까운 위치에서 살필 수 있는, 중앙정부로부터 최대한 자립한 '지역정부'와 NPO(비영리 시민단체) 그리고 기업의 삼자다.

하지만 이런 '연대형 복지국가'는 사회 전체가 지속적으로 부를 창출하는 힘을 상실해서는 실현 불가능하다. 아사히는 이미 세계 최고 수준의 기술력을 자랑하는 일본 제조업이 앞으로도 국제경쟁을 잘 이겨낼 수 있도록 계속적인 연구개발 투자와 창의적인 인재 육성을 주장한다. 그리고 자연적인 세수 증대는 누적된 국가채무의 변제에, 최소한의 소비세(=부가가치세) 증세 등을 통해 늘어난 세수는 오로지 저출산·고령화에 대비한 복지예산으로만 사용하는 재정원칙을 확립하자고 역설한다.

한국은 일본 이상으로 소득 불평등이 격심하여 다수의 극빈층을 안고 있으면서도 OECD 국가 중 GDP(국내 총생산) 대비 사회보장비가 거의 꼴찌 수준이다. 게다가 초고속으로 저출산·고령화가 진행되고 가까운 미래에 각종 연금 고갈도 예기된다. 이런 한국 사회의 중장기적인 국가전략은 무엇인가? 책임을 져야 할 정부와 정치인, 언론, 지식인들은 이 사회의 미래를 위해 어떤 구체적인 청사진을 제시하여 국민들에게 '희망'을 주고 있는가? 늘 근시안적인 현안에만 매달릴 뿐, 그럴 만한 역량이 없는 게 아닐까?

경제위기에 대한 단기적인 경기 처방은 반드시 필요하다. 그러나 미래를 위해 지금 우리가 어떤 고통을 분담해야 하는지를 분명히 제시해 주는 책임 있는 리더가 필요하다. 아사히의 "희망사회를 위한 제언"은 우리에게도 좋은 참고가 될 것이다.

지역연합국가 일본으로

❖ 주민 생활과 관련된 모든 일은 지역정부가 결정하자.

❖ 지역이 공유할 재원을 설정하고, 국가를 대신할 새로운 조정과 분배의 메커니즘을 채용하자.

앞서 제시한 '연대형 복지국가'를 실현하기 위해서는 어떻게 해야 할까. 먼저 지방분권에 관해 생각해보자.

　　주민의 생활과 관련된 모든 사항은 그 지역에서 결정한다. 지역에서 결정할 수 없는 것만을 중앙정부에게 맡긴다. 단순한 '분권'이라기보다 '지역주권'을 지향한다는 원칙을 철저히 하자는 것이다. 이를 위해서는 지방자치체를 '지역정부'라 불러도 손색이 없을 만큼 진화시켜야 한다. 행정·재정, 그리고 의회에 의한 입법까지 포함하여 중앙정부로부터 자립된 권한을 가지는 진정한 '자치'체로 말이다. 그중에서도 특히 주민생활에

| 2008년도 보통교부세 교부액 | | | | | | | (단위: 백만엔) |

	도·도·부·현				시·정·촌			
	기준재정 수요액	기준재정 수요액	재원 부족액	보통 교부세액	기준재정 수요액	기준재정 수요액	재원 부족액	보통 교부세액
도쿄	1,739,056	2,514,388	-	-	151,584	124,964	26,620	26,374
홋카이도	1,190,931	474,997	715,934	714,004	1,343,939	616,460	727,479	725,301
오사카	1,158,136	977,550	180,587	178,709	1,331,220	1,153,077	178,143	175,986
교토	403,102	269,048	134,056	133,403	485,018	342,695	142,323	141,537
가나가와	949,349	930,990	18,360	16,821	125,246	106,742	18,504	18,301

* 보통교부세를 교부하지 않는 곳은 도쿄 한 곳에 불과하다. 교부액이 가장 적은 지역은 가나가와현이다.

(출처: 일본 재무성)

밀착한 시·정·촌이 중요한 역할을 담당한다.

지역정부가 중앙정부와 대등한 위치에서 역할 분담을 하는 것이 우리가 그리는 새로운 국가상이다. 터무니없다고 생각하는 사람도 있겠지만 그 정도까지 변화시키지 않으면 이 나라를 더 이상 지탱할 수 없다. 773조 엔. 국가와 지방의 빚은 이렇게 쌓여 버렸다. 현행 세금·재정 시스템하에서 세금 낭비가 거듭된 것이 하나의 원인이다.

산 속에 멋진 도로를 내거나 혹은, 인접한 자치체가 성격이 비슷한 시설을 경쟁적으로 건설한다. 시설을 사용하는 사람이 없어도 누구에게도 책임을 묻지 않는다. 중앙의 각 행정기관은 자금을 지원함으로써 지방에 대해 권한을 행사할 수 있으며, 자치체는 별다른 노력 없이 하늘에서 쏟아지는 단비처럼 보조금을 받을 수 있다. 현지는 공사 발주를 통해 윤택해지고, 국회의원은 선거의 표밭을 확보할 수 있다.

그 종착점을 보여준 대표적인 사례가 거액의 채무를 안고 파산한 홋카

2008년도 지방 재정 자립도					(단위: %)
	지방교부세 의존율	국고 지출금	도·도·부·현 지출금	지방채 의존율	자주재원 비율
도·도·부·현	24.13	16.23	-	15.32	42.64
시·구	18.08	9.83	4.81	9.96	50.20
정·촌	33.79	5.62	6.33	11.61	-

(출처: 일본 재무성)

이도北海道의 유바리夕張시다. 탄광을 대체할 산업으로 능력 이상의 관광시설을 정부의 보조금으로 유치했지만 파리만 날릴 뿐이다. 관광사업만으로 180억 엔이나 되는 엄청난 적자를 떠안게 되었다.

무엇을 할지는 도쿄東京의 중앙정부에서 결정한다. 지방은 시키는 대로 하면 된다. 이러한 시스템은 메이지유신* 이후의 근대국가 건설과 2차 세계대전 패전 이후의 경제 부흥에는 효율적이었을지 모르지만 오늘날에는 큰 걸림돌이 되고 있다. 이제는 개선해야 할 시기다.

유럽연합(EU)**은 국가 간의 통합을 강화함으로써 경제의 글로벌화에 대응하고 있다. 그런 한편으로 복지나 교육 등의 분야는 지역에 권한을 넘겨 자립성을 높여 가고 있는 사실을 독자 여러분은 알고 계신지? 그것을 사상적으로 뒷받침하는 것이 유럽연합조약에 내포된 '보완성의 원리'다.

* 메이지유신(明治維新)_1854년의 서구 사회에 대한 개국으로부터 1877년 세이난(西南)전쟁으로 반정부세력이 정리되기까지 천황 중심의 중앙집권적 근대국가 체제가 형성된 과정을 의미한다.

** 유럽연합(European Union)_과거 유럽을 황폐화시켰던 1, 2차 세계대전과 같은 참화를 피하고 유럽 자체 내의 갈등과 반목을 아우르기 위한 목적으로 출범한 EEC(유럽경제공동체), EC(유럽공동체)를 모태로 한다. 총 47개 유럽국가 가운데 과반수인 27개국이 가입했으며(2008년 3월 기준), 경제·정치·군사 등 모든 분야의 통합을 목표로 하고 있다.

지역이 할 수 있는 일은 지역이 하고, 할 수 없는 일만을 보다 큰 자치체나 국가에서 보완한다는 원리다. 영국이나 프랑스 등에서는 1990년대 후반부터 이 원칙에 따라 법과 제도의 대대적인 개정이 이어지고 있다.

이 '보완성의 원리'가 이상으로 삼는 것은 지역 주민 한 사람 한 사람이 풍부한 감성을 키우고, 자신의 일에 충실감을 느끼며, 안정된 노후를 보내는 것이다. 이를 위해서는 지역이 독자적으로 세금의 용도를 결정할 수 있어야 한다. 그것은 일본도 마찬가지일 것이다.

그렇게 된다면 우리의 생활은 어떻게 변할까. 교육을 예로 들어보자. 자치체 중에서 유일하게 전국학력조사*를 거부한 아이치현愛知県 이누야마시犬山市는 분권형의 교육이념을 다른 지역보다 먼저 받아들였다. 전체 학급의 수를 늘림으로써 학급당 아동수를 줄이고 동시에 이동식 수업을 접목시키는 방식으로 독자적인 교육을 진행했다. 수업에 필요한 교사의 수를 충원하기 위해 시에서 지출하는 비용은 연간 약 1억 5000만 엔이다. 그리고 1500만 엔을 들여 독자적인 부교재를 만들고 무료로 나누어 주었다. 1년 예산이 200억 엔 미만인 시로서는 큰 부담이다. 그 때문에 학교 건물은 많이 낡았지만 '인재 양성'에는 돈을 아끼지 않는다.

최근 10년간, 이누야마시의 교육위원회는 여러 차례 문부과학성**이

---

* **전국학력조사**_일본 정부는 획일적인 주입식 교육의 폐단을 해소하고 아동의 개성과 창의력을 존중하기 위해 1977년부터 학습 내용과 수업 시간을 줄인 '유토리(=여유)' 교육을 실시하였다. 그러나 평균 학력수준의 저하가 문제로 대두되면서 2007년부터 전국학력조사를 시행하였다. 이 조사는 전국 초·중학생의 학력과 학습상황을 상세히 파악하여 교육정책의 과제를 검증·개선하기 위한 목적이며, 학력조사의 대상은 초·중학교의 최고 학년 전원이다. 그러나 결과만을 중시하는 전국학력조사가 성적과 경쟁 위주의 교육을 부채질한다는 문제점이 지적되고 있다.

나 현縣 교육위원회로부터 기존 규정을 준수하라는 압력을 받았으나 매번 이를 뿌리쳐 왔다. 매년 개정되는 부교재는 작성위원을 맡은 교사가 원안을 다듬어 공표한다. 여기에 다른 교사와 학부형으로부터 때로는 1000건이 넘는 의견이 모인다. 이처럼 시민이 참가하여 손수 만들어 가는 교육방식으로 인해 아동들의 평균학력이 향상됨과 동시에 등교거부 아동의 비율도 전국 평균의 3분의 1 수준으로 줄었다.

전국의 모든 아동들에게 균등하게 일정한 수준의 의무교육*을 무상으로 보장한다. 그런 조건을 구비한 후에 실제 교육은 지역의 노력과 책임에 맡겨야만 성과를 낳을 수 있다.

학교만의 문제가 아니다. 아이를 장시간 안심하고 보육원에 맡기면서 충실한 교육까지 받게 하는 것은 일하는 부모의 공통적인 바람이다. '공인 어린이집'**이 시험적으로 운영되고 있지만 소관부처인 문부과학성과 후생노동성***이 기존의 벽을 허물고 지역에 그 권한을 위임한다면 더욱 현지

** 문부과학성(文部科學省)_2001년 행정개혁의 일환으로 기존 문부성과 과학기술청의 일부가 통합되어 구성된 행정기관이다. 2008년 현 정부하에 새롭게 구성된 한국의 교육과학기술부와 유사한 성격이다.

* 일본의 의무교육_한국의 의무교육이 초등교육 6년과 중등교육 3년이라는 '과정'으로 규정된 데 비해 일본의 의무교육은 만 6세부터 만 14세까지 '연령'으로 규정되어 있다. 따라서 규정 연령을 넘으면 의무교육의 대상에서 제외된다.

** 공인 어린이집(認定こども園)_"보육원과 유치원 중 어디에 아이를 맡길까?"라는 부모의 고민을 덜어주기 위해 2006년 10월 문부과학성과 후생노동성의 주관하에 설치되었다. 초등학교 취학 전의 아이들을 대상으로 양육과 교육을 종합적으로 제공한다. 부모의 취업 여부에 상관없이 이용할 수 있는 시설이다.

*** 후생노동성(厚生勞動省)_2001년 1월 후생성과 노동성을 통합한 행정기관이다. 한국의 보건복지가족부와 노동부의 업무를 통합한 것에 해당한다.

의 실정에 맞게 자유로운 운영이 가능할 것이다.

노인요양보험도 마찬가지다. 현재로서는 요양 서비스의 종류와 단가가 전국적으로 동일하지만 지역이 이것을 자유롭게 결정한다면 현지의 실정에 맞는 형태로 서비스를 제공할 수 있다. 전문업자에게 의존하는 형태가 아니라 지역의 사정을 숙지하는 새로운 유형의 담당자도 육성될 것이 분명하다.

이러한 지역정부를 가능케 하는 것은 결국 돈과 사람이다. 고이즈미 정권이 추진한 '삼위일체의 개혁'*을 통해 국가가 자치체에게 지원하는 보조금 4.7조 엔과 지방교부세 관련 지원금 5.1조 엔이 삭감되었다. 하지만 자치체에게 세원稅源을 양보한 것은 3조 엔뿐이다. 권한이 이양된 부분은 작고 삭감액은 큰 것이 자치체의 재정난에 박차를 가하는 결과를 초래한 것이다.

교부세는 자치체 간 세금 수입의 차이를 조정하기 위해 국세國稅의 일정 비율을 지방에 할당하는 자금이다. 이 기존의 교부세에 해당하는 세원을 '지방공유세'로 환골탈태시켜 자치체의 고유한 재원으로 삼는다. 그리고 이 재원을 현재의 중앙정부를 대신할 자치체 간의 새로운 조정 메커니즘으로 분배한다. 이러한 근본적인 개혁이 불가피하다.

지방세의 세율에 대해서도 지역의 재량권을 늘려야 한다. 지역 자체의

---

* **삼위일체의 개혁**_고이즈미 정권하에서 추진된 세제 개혁 정책을 의미한다. "지방이 할 수 있는 일은 지방으로"라는 이념하에 정부의 관여를 축소하고 자치체의 권한과 책임을 확대하여 국가보조부담금·세원 이양·지방교부세의 세 가지를 일체로 하여 개혁이 진행되었다. 국고 보조금을 받고 행하던 사업의 이행 권한과 재원을 지방으로 이전하고 각 지역의 실정에 맞추어 주민 만족도가 높은 행정서비스를 제공함을 목적으로 하였지만 그 실적은 미미했다.

노력으로 행정개혁이 진행된다면 세율을 내릴 수 있다. 반대로 세율을 올려서라도 지역 주민에게 더욱 충실한 서비스를 제공하려는 자치체가 나올지도 모른다. 이러한 재량권을 수용하여 지역이 나아가야 할 청사진을 그리는 것은 지사*나 시 · 정 · 촌의 장, 자치체의 의원이며, 무엇보다도 그 지역의 주민이다.

하지만 '그런 권한까지 지역에 맡길 수 있을까?'라며 중앙정부도 해당 지역의 주민도 우려의 목소리를 높이고 있다. 지역주권이 진전하느냐 마느냐를 가늠하는 열쇠는 바로 여기에 있다. 다음번에는 이 점에 대해 생각해보자.

---

* **지사(知事)**_도쿄도(東京都), 홋카이도(北海道), 오사카부(大阪府)와 교토부(京都府) 등 43개의 현으로 이루어진 광역자치단체의 장을 의미한다. 임기는 4년이며 주민에 의해 직접 선출된다.

'주권'을 보유한 '지역정부'의 연합국가론

한적한 시골길에 놓인 낡았지만 아직은 쓸 만한 다리가 있다고 하자. 어느 날 정부 지원금을 받은 공사로 그 다리가 왕복 4차로의 멋진 현대식 구조물로 바뀐다. 그러나 이용하는 차량수도 인근 주민의 생활도 이전과 별로 달라진 것이 없고, 오가는 사람들은 오히려 냉소를 보낸다.

자치체가 경쟁적으로 따내어 중앙정부의 일률적인 통제를 받으며 사용하는 시설 보조금. 만약 같은 금액을 자치체가 주민의 감시를 받으며 자율적으로 사용한다면 이런 불합리는 없어지지 않을까?

아사히는 '연대형 복지국가'를 실현하기 위한 근본적인 제도개혁으로서 중앙 종속적인 현행 지방자치제도를 지역 중심의 연합국가체제로 바꾸자고 제언한다. 즉, 주민생활을 가장 잘 알고 또 주민의 감시를 피할 수 없는 시·정·촌과 같은 기초자치체가 지역의 행정·재정·입법에 대해 독자적으로 '주권'을 행사하고, 그런 '지역정부'의 연합체로 구성된 국가가 외교·방위·통화 등을 담당하는 방향으로 국가적인 패러다임을 개편하자는 것이다. 그리고 무엇보다 중요한 지역정부의 재정 독립을 위해 지금까지 자치체를 옥죄는 수단으로 활용된 중앙정부의 지방교부세를 '지방공유세'로 전환하며, 지방세의 세율도 지역별 판단에 맡기자고 한다.

아사히의 '지역정부 연합국가론'은 미국의 연방제나 에도시대 막부와 번의 관계와도 유사하게 느껴진다. 물론 현재의 일본을 생각하면 극히 파격적이고 비현실적인 주장이다. 기존 정치세력의 완강한 반대를 어떻게 돌파할 것이며, 그간 중앙정부가 맡아 온 지역 간 재정 격차의 조정 역할은 누가 담당할 것인가?

과제는 산적해 있고 그 실현은 너무나 멀고 어려운 일이다.

　그러나 모든 것이 다원화되는 시대에 '주권' 즉, 분권의 강화라는 대명제는 지역의 생존을 위해 더 이상 선택의 여지가 없는 문제다. 주권을 잘못 행사한 대가로 몇몇 자치체가 실패를 경험할 수도 있다. 하지만 중앙 정계와 관료조직이 모든 국가지대사(國家之大事)를 관장함으로써 몇몇 정치가의 오판이 나라 전체를 돌이킬 수 없는 방향으로 내몰 위험성을 내재한 현재보다는 분명히 나을 것이다. 실패한 자치체에 대해서는 혹독한 책임 추궁과 함께, 다각적인 자구책을 지원할 수 있다.

지역마다 다양한 제도로 자치를 경쟁하자

❖ 시장이 없는 시, 의회가 없는 정·촌도 선택사항이다.

❖ 샐러리맨이나 여성이 참가하기 쉬운 의회를 만들자.

앞에서 자치체를 '지역정부'로 진화시킨 '지역연합국가'에 대해 제언했다. 하지만 아무리 중앙으로부터 자립한 지역정부라 해도 그것을 담당할 인재를 기르고 활용할 수 있는 구조를 갖추지 않으면 어디까지나 탁상공론에 지나지 않는다.

"요즘 전국 대부분의 자치체 의회에서는 사전공모로 자기들끼리 학예회를 벌이고 있다." 정부의 지방분권개혁추진위원회에서 전 돗토리현鳥取県 지사인 가타야마 요시히로片山善博가 지적한 바와 같이, 의원과 행정 담당자가 사전에 질의와 답변을 담합하고 정작 본회의에서는 그 내용을 읽어 내려갈 뿐인 그런 현상을 빈정댄 것이다. 물론 이런 지적에 대해 반발할 의회도 있겠지만, '우리는 다르다'고 잘라 말할 수 있는 의회가 전국적으로 얼마나 있을까? 개혁의 필요성에 눈뜬 의원들은 늘고 있지만 의회에 대한 주민들의 시선은 여전히 싸늘하다. 우리는 이런 현 상황을 바꾸고 싶다.

홋카이도 유바리시에 인접한 구리야마초栗山町는 인구 1만 4000명에 불과한 작은 농촌이지만 전국 각지의 의회에서 시찰단이 쇄도하고 있다. 그 목적은 2006년 5월 전국에서 최초로 제정된 '의회기본조례'에 있다. 이 조례 덕분에 의원들 간의 자유토의나 정장町長 쪽에서도 의원에게 반문할 수 있는 권리가 도입됐고 주민들을 대상으로 의정보고회가 매년 수십여 곳에서 열리고 있다. 의원 제안도 활발하게 이루어져서, 2007년 10월에는 정장이 제안한 '마을활성화 기본계획'에 대한 의원 측의 안까지 정리하여 심의를 거듭하고 있다.

하시바 도시카쓰橋場利勝 의장을 비롯한 의원들이 개혁에 착수한 계기 는 '의원은 당선만 되면 그 뿐'이라는 주민들의 여론과, 의회가 신뢰받지 못하면 장래에 예상되는 세금 부담의 증가를 주민들에게 요구하기 어렵다 는 문제의식 때문이다.

이러한 자치체나 의회의 기본조례에는 이미 선례가 있다. 홋카이도 니세코초町가 2001년에 시행한 '마을활성화 기본조례'다. 주민에게 모든 정보를 철저히 공개해서 마을의 대소사에 대한 계획 수립에서 평가까지 모든 과정에 주민 참가를 보장한다. 그리고 전 정장인 오사카 세이지逢坂誠二 는 이러한 사항을 실천하도록 조례화했다. 예산의 상세한 사용 내역까지 지도나 사진으로 설명한 책자를 집집마다 배포하고 정장과 주민이 의견을 교환할 수 있는 장을 마련했다. 이러한 시도는 정장이 바뀐 지금도 계속되

구라야마초 의회 기본조례 이미지

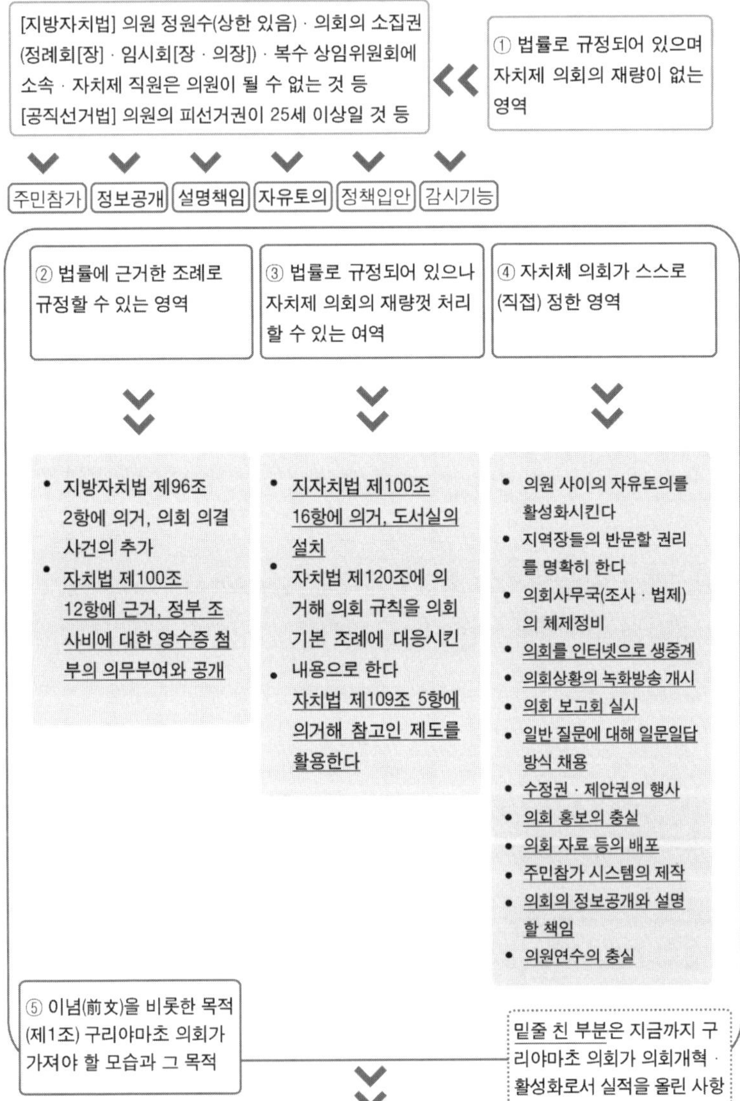

(출처: 구리야마초 홈페이지)

고 있다. 조례를 정해서 제도화한 결과다.

"시장市長을 폐지한다." 사이타마현埼玉県 시키시志木市의 전 시장인 호사카 구니오穗坂邦夫는 재임 중인 2003년 파격적인 안을 담은 정부특구*를 신청했다. 시장을 뽑는 대신 의원들 중에서 행정책임자를 임명하는 시티매니저제도**를 시도한다는 것이다. 행정 효율화와 의회 활성화가 목적이었다. 미국에서는 많은 자치체가 이와 비슷한 제도를 채용하고 있다. 일본의 경우 "헌법이 정한 주민들의 수장 선출권에 저촉될 우려가 있다"고 기각되긴 했지만, 2004년의 지방분권개혁추진회의 의견서에서는 도입을 검토하자는 내용이 포함되었다. 앞의 구리야마초 등에서는 자치체 수장과 의회가 주민들의 참가를 유도하여 '보다 나은 자치'를 지향하고 있다. 시키시와 같은 예는 제도를 대담하게 변화시켜 새로운 자치 형태를 만들자는 움직임이다.

이상은 모두 조그마한 시나 마을에서 행한 시도지만 지금은 보다 규모

* **정부특구**_경제·교육·농업·사회복지 등 폭넓은 분야에서 지방자치체나 민간사업자가 지역의 특성에 맞게 규제 철폐나 완화를 구하는 제안을 하고, 정부가 지역을 한정해서 규제완화를 인정하는 제도다. 2002년 12월에 제도가 생긴 이래, 2008년 7월까지 가나가와현(神奈川県)의 바이오의료산업지구, 군마현(群馬県) 오타시(太田市)의 외국어교육특구, 야마구치현(山口県) 시모노세키시(下関市)의 수산업활성화지구 등 전국에서 1014곳이 인정되었다.

** **시티매니저제도**_시장을 시 행정의 주체로 하는 현행 시장제와는 달리, 의회가 '시티매니저'라 불리는 행정이나 도시경영 전문가를 임명하고 의회에서 결정한 정책 실행에 대한 모든 권한과 책임을 맡기는 제도다. 단, 시티매니저가 전문성과 권한을 갖기 때문에 행정 능률은 오르지만, 독선적인 행정 집행으로 흐를 위험도 지적되고 있다. 1908년 미국 버지니아주 스톤턴시에서 처음으로 도입된 이후, 인구 2500명 이상의 미국 지방자치체 중 49%에 해당하는 3511곳이 이 제도를 채용했다. 일본에서는 본문의 시키시가 처음으로 이 제도를 도입했다.

가 큰 자치체로까지 움직임이 확산되고 있다. 2006년 말, 미에현三重県 의회가 도·도·부·현으로는 처음으로 '의회기본조례'를 시행했다. 도쿄 마치다시町田市나 지바현千葉県의 이치카와市川市 등 인구 40만 규모의 시에서도 구리야마초를 시찰하는 등 도시권에서도 유사한 내용의 조례 입법이 모색되고 있다.

일본에서는 지방자치법에서 정한 인구 360만 명의 정령지정도시*로부터 불과 수백 명의 작은 촌락에 이르기까지 자치체의 수장과 의회를 선거로 뽑는 이원대표제를 취하고 있다. 그러나 지역마다 재정기반과 지역사정이 각기 다르기 때문에 제도도 실정에 맞게 다양한 편이 좋다. 매니저제도 이외에 의회가 의결과 집행 양쪽을 모두 담당하는 방식도 고려할 수 있다. 또한 정·촌이 의회를 두지 않고 주민총회에서 의사를 결정하는 것은 법을 개정하지 않더라도 지금 당장 가능하다. 어떤 제도를 선택할지는 주민들 스스로 지역의 현안을 심사숙고해서 정하면 된다. 다양화하면 할수록 창의적인 아이디어가 분출할 것이다.

자치를 향상시키기 위해서는 다양한 인재가 공직에 등용될 수 있어야 한다. 지방의회를 두루 살펴보면 의원은 건설업자나 농업 종사자, 퇴직한 급여소득자가 태반이다. 이런 의회 구성으로 주민의 의향이 정확하게 반영될 수 있을지 실로 의문이다. 의원 중에 회사원이나 공무원이 적은 것은

* 정령지정도시(政令指定都市)_일본 지방자치법 252조 19항에 의거하여 정령(=내각에서 정한 명령)으로 지정된 도시다. 도·도·부·현이 가지고 있던 도시계획·아동복지·사회복지·식품위생관리 등 시민생활에 직결되는 19종의 권한을 위임받아서 행정권을 행사한다. 현재는 오사카시, 나고야시, 교토시, 센다이시, 니가타시 등 17곳의 정령지정도시가 있다. 본문에서 언급된 인구 360만 명의 정령도시는 오사카를 가리킨다.

의회의 높은 장벽 때문이다. 공무원은 입후보와 동시에 직장을 그만두어야 한다. 회사원은 설령 당선되더라도 본업과 양립하기가 어렵다. 직장을 버릴 각오가 없으면 입후보조차 뜻대로 안 된다.

그렇다면 재직 중에도 입후보를 인정하고 당선되면 퇴직이나 휴직 처리로 해두자. 겸직도 할 수 있도록 야간이나 휴일에 의회를 여는 방법도 있다. 여성 의원을 늘리는 방안도 마련해서 어떻게든 일반 주민들과의 벽을 낮추었으면 한다.

주민생활에 밀착한 시·정·촌이 복지나 교육과 같은 생활문제를 기본적으로 책임진다. 역량이 부족한 시·정·촌은 주변 지역과의 합병이나 연계를 고려해도 좋다. 그리고 도·도·부·현은 광역적으로 실시하는 편이 효율적인 의료나 기업유치와 같은 분야에 대해 책임을 진다. 그런 다음에 도·도·부·현에도 광역적인 연계나 합병이라는 선택권이 부여되는 편이 바람직하다. 중앙정부의 대행기관으로서 위로부터 설정되는 도주제*가 아니라, 지역이 자주적으로 연합해 가는 결과로서 도·주가 탄생한다. 그런 길을 제언하고자 한다.

이렇게 지역정부가 확립되면 자연히 중앙정부의 업무는 한정된다. 중앙정부는 외교나 안전보장, 온난화와 같이 지구적인 규모로 대응할 필요

* **도주제(道州制)**_지방행정단위를 도(道)와 주(州)로 재편하는 논의를 지칭한다. 일본의 도·도·부·현을 일정 이상의 면적을 가진 10개 안팎의 '도'와 '주'로 재정비하고, 중앙정부의 역할을 외교·국방·통화·재해원조 등 국가의 기본적인 기능으로 최소화하되 그 밖의 행정기능은 모두 '도'와 '주'로 이양하자는 취지다. 중앙정부는 불필요한 인력과 예산을 줄여 효율성을 높일 수 있고 지방정부는 독자성을 확보해 제 역할을 할 수 있다는 장점이 있지만, 권한과 재원을 둘러싼 갈등과 지역 간의 재정력 격차 조정 등이 문제시되고 있다.

가 있는 분야와 전국적인 통일이 요구되는 통화나 금융·통상 정책, 의료와 교육의 일정 수준 확보, 나아가서 첨단기술 개발에 대한 지원 등을 담당해야 할 것이다.

다음 호에서는 이러한 시스템에 참여하는 시민조직의 역할에 대해 생각해보자.

21세기형 지방분권과 다양성

중앙집중식 관료제는 모든 제도의 획일적인 적용을 강요한다. 그러나 지역마다 향토문화가 고유하고 처한 상황과 살림살이도 다르므로 자치제도 또한 지역의 실정에 맞게 주민이 직접 선택할 수 있어야 한다. 시장 대신에 전문 관리자를 고용하는 시, 의회가 의결과 집행을 겸하는 시, 수장을 의회가 뽑거나 아예 의회조차 두지 않고 주민총회에서 의사를 결정하는 기초자치체 등등 이번 호에서 아사히가 제기한 키워드는 지방자치를 둘러싼 '인적·제도적 다양성'이다.

삶의 질 향상과 직결되는 지역 문제에 가장 예민하게 촉각을 곤두세울 사람은 말할 필요도 없이 지역에 뿌리를 내린 주민들이다. 그러므로 어떤 형태든 주민들이 심사숙고해서 선택한 제도라면 정부가 이를 거부해서는 안 된다. 그래야만 주민 스스로 자치체의 책임 있는 주체로서 지역의 생존과 발전을 고민하며, 지역 현안의 해결을 위해 자발적으로 아이디어를 도출할 수 있을 것이다. 아사히는 이런 자율적인 제도를 이끌어 갈 다양한 업종의 인재가 등용될 수 있도록 선거제도의 개선도 제언한다. 이와 같은 인적·제도적 다양성이야말로 21세기형 지방분권의 바람직한 모습이 아닐까?

이런 토대 위에서 기초자치체인 시·정·촌은 복지와 교육을 광역자치체인 도·도·부·현은 의료와 기업유치 등을 담당하여, 각기 주민 생활의 질적 향상을 위해 다른 자치체와 경쟁한다. 중앙정부는 자치체가 맡을 수 없는 외교·안보·온난화, 통화·금융·통상, 그리고 첨단기술 개발 등의 문제를 담당한다.

마치 좋은 술에 취한 듯 달콤한 구상이다. 그러나 변혁은 늘 누군가의 '꿈'에서부터 시작된다. 꿈을 현실로 이끌어내어 하나하나 구체화시키는 일은 모두의 숙제일 것이다.

'주민의 힘'이 지역을 바꾼다

❖ 문제 해결을 위한 아이디어와 활력소는 시민에게 있다.

❖ '단카이 세대'들이여,* 테마별 자치회에서 활동합시다!

주민 한 사람 한 사람의 지혜와 경험과 인맥을 자유롭고 느슨하게, 그러면서도 확실한 형태로 연결한 네트워크가 주위 사람들을 위해 두 팔 걷고 나서는 사회가 될 수는 없을까? 지난 회까지는 자립한 지역정부가 중앙정

---

* **단카이 세대**_2차 세계대전이 끝난 직후 1947~49년에 태어난 베이비붐 세대를 말한다. 단카이(団塊)는 '한 덩어리'라는 뜻으로 집단적 성향이 강한 이 세대의 특징을 비유적으로 표현한 말이다. 작가 겸 경제평론가이면서 경제기획청 장관을 역임한 사카이야 다이치(堺屋太一, 1935~)가 1976년 발표한 소설 「단카이세대(団塊の世代)」에서 처음 사용했다.
이 세대는 청년기에는 학생운동의 주체로서, 성인이 된 후에는 노동운동이나 소비의 주체로서 일본 사회에 큰 영향을 끼쳤고, 정년을 맞은 지금은 실버산업의 주 고객층이자 복지·연금제도의 주 대상으로서 사회적 변화에 참여하고 있다.

요코하마시의 쓰레기 수거(일부만 소개)

<table>
<tr><td colspan="2" align="center">대형쓰레기</td></tr>
</table>

·금속 제품은 30㎝ 이상, 그 외의 제품(플라스틱 제품, 목제품 등)은 50㎝ 이상
·전화 또는 인터넷으로 신청해주십시오.

● 대형쓰레기 접수센터(구마다 전화번호가 다릅니다)
● 인터넷 접수 https://www.sodai.city.yokohama.lg.jp

가정에서 나오는 대형쓰레기는 시에서 수집하고 있습니다. (실제 수집은 위탁업체에서 행합니다.) 민간의 사업자가 대형쓰레기를 수집하기 위해서는 일반폐기물 수집운반업의 허가가 필요합니다. (산업폐기물 수집운반업의 허가로는 수집할 수 없습니다.)

<table>
<tr><td colspan="2" align="center">시에서 수집할 수 없는 것</td></tr>
</table>

에어컨 · 텔레비전 · 냉장고 · 냉동고 · 세탁기

가전제품 리사이클법 대상의 다섯 품목은 가전제품 판매점이 회수하고 회사가 재활용합니다.

● 2009년 4월부터 LCD TV, PDP TV, 의료건조기가 대상제품에 포함됩니다. 4월 이후에 배출하실 때에는 가전판매점에 인수를 신청해주십시오.

컴퓨터

가정에서 사용하는 컴퓨터는 회사가 의무적으로 회수와 재활용을 실시해야 합니다.

<table>
<tr><td align="center">그 외</td></tr>
</table>

일시적으로 발생되는 대량의 쓰레기, 처리가 곤란한 물건, 청부공사 등에서 배출되는 쓰레기, 사업활동에 의해 발생하는 쓰레기

(출처: 요코하마시 홈페이지)

부와 역할을 분담하여 서로 자치의 수준을 경쟁하는 안을 제시하였다. 이번에는 주민의 적극적인 참가에 대해 제언하고 싶다.

그것이 얼마나 큰 힘이 되는가는 '쓰레기 분리수거'를 보면 잘 알 수 있다. 요코하마橫浜시는 2005년에 쓰레기를 10종류로 분리하여 내놓아야만 수거하는 제도를 시작했다. 힘이 되어준 것이 3000여 개에 달하는 주민자치회였다. 이 단체들 덕분에 주민들 사이에서 분리수거운동이 순조롭게

시민 한 명당 하루 목표치와 요코하마시 전체의 배출량 감소 추이

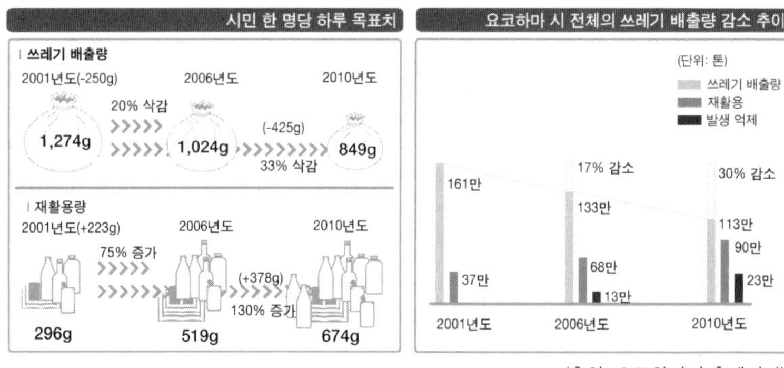

(출처: 요코하마시 홈페이지)

진행되었고 재활용도 늘어서 요코하마시 전체의 쓰레기량이 30%나 줄었다. 그로 인해 두 곳에 설치된 쓰레기소각장을 증축할 필요가 없어져서 1100억 엔이나 되는 시의 예산을 절감할 수 있었다. 재정난에 허덕이던 시로서는 귀중한 재원을 얻게 된 것이다.

환경성에 의하면 일본은 '세계 제일의 쓰레기 분리수거 대국'이라고 한다. 이제는 전국적으로 60%에 가까운 시·정·촌에서 11종류 이상의 복잡한 분리수거*를 주민들이 능숙히 해내고 있다. 그 결과 쓰레기를 줄이자는 의식도 높아져서 일인당 쓰레기 배출량이 하루 1.1kg으로 선진국 중에서도 가장 적은 국가가 되었다. 이러한 성과를 모든 면에서 거둘 수 있다면 우리들의 생활은 더욱 풍요로워질 것이다.

* **11종류 이상의 분리수거**_일본은 2001년 4월 1일부터 '리사이클법'을 실행하였다. 이에 따라 타는 쓰레기·유리병·캔·페트병·종이·의류·금속제 소형 쓰레기·대형 쓰레기·음식 쓰레기·이사할 때 발생하는 임시 쓰레기·동물의 시체·진흙·분뇨·톱밥 등으로 분리수거하며, 지역마다 조금씩의 차이가 있다.

여기에 아주 적합한 교재가 있다. 바로 NHK의 시청자 참여 프로그램 "이웃의 저력"*이다. 이는 주민들이 지역의 고민을 해결하기 위해 분투하는 모습을 보여주는 프로그램이다. 그중에는 이런 예도 있다.

아이들을 노리는 범죄가 많이 발생하는 지역에서 통학로를 감시하기 위해 주민들이 모인다. 하지만 통근시간과 겹쳐서 부모들만으로는 손이 부족하다. 그래서 이웃의 노인들에게 자택 주위를 청소하거나 산책하는 시간을 아이들의 통학시간에 맞춰달라고 협력을 요청했다. 이런 과정을 거쳐 마을 주민 전체가 참여하는 순찰대가 탄생하였다. 그 밖에도 마을 직영 버스가 폐지되면서 시작된 택시 합승하기 운동이나 봉사활동 단체가 주관한 낙서 지우기 등등……. 작은 지혜와 노력을 모으면 이런 큰일도 가능하다고 감탄하게 만드는 예가 많다.

모처럼의 시도가 실패한 경우도 제법 있다. 하지만 이 프로그램의 주임 PD인 사토 다카아키佐藤高彰 씨는 회를 거듭할수록 주민의 힘이 가진 가능성이 정말 대단하다는 점을 실감했다고 한다. "문제를 해결할 수 있는 인재와 자원은 어느 지역이든 반드시 그 내부에 있습니다."

일찍이 일본 각지에는 마쓰리(=축제)나 재난방지활동을 서로 도와주는 지역공동체가 있었다. 그러나 도시로의 인구집중이나 핵가족화로 인하여 공동체는 차츰 쇠퇴했고, 지금은 대부분이 제대로 기능하지 못하게 되었다. '회사' 역시 도시 주민들에게는 훌륭한 공동체였다. 사원 가족의 생활까

---

* NHK, "이웃의 저력(ご近所の底力)"_이 프로그램은 주변에서 흔히 발생하는 곤란한 일이나 괴로움을 겪고 있는 마을을 대상으로 전국의 시청자들로부터 모인 방안을 참고하여 해결책을 찾아주는 시청자 참여 프로그램이다. 2003년 4월 10일 "하면 된다! 주택가의 방범(やればできる！住宅街の防犯)"을 시작으로 2008년 현재도 매주 금요일 저녁 8시에 방송되고 있다.

지 전부 돌봐주어서 사회보장제도가 미치지 못하는 빈틈을 메워 주었다. 하지만 이런 회사공동체도 1990년대의 경기침체를 겪은 후에는 제 기능을 못하게 되었다. 생활을 지켜주는 안전장치에 적지 않은 '균열'이 생긴 것이다. '연대형 복지국가'를 실현하기 위해서는 그 균열을 메울 새로운 공동체가 필요하지 않을까?

최근에는 행정업무의 일부를 하청 받는 데 머무르지 않고 독자적으로 활동하는 주민자치회町內숲가 나타나기 시작했다. 지역을 대상으로 활동을 시작한 아파트 관리조합도 적지 않다. 단, 이런 지연을 매개로 한 조직만으로는 한계가 있다. 이 문제를 해결할 열쇠를 쥐고 있는 것이 민간 비영리 조직 즉, NPO다. NPO라고 하면 왠지 딱딱한 느낌이 들지만, 쉽게 생각해서 지연과 무관한 '테마별 자치회'라고 이해하면 된다.

현재 전국에 3만여 개의 NPO 법인이 있다. 독거노인을 위한 도시락 배달, 노숙자의 자립 지원, 등교 거부 아동들에 대한 상담 등 모두가 순수한 비즈니스로는 성립하기 힘든 사업이다. 그것을 기부금 혹은, 공적인 기금이나 자원봉사자들의 협력을 얻어서 운영한다.

일본에서 NPO의 존재감이 높아진 계기는 1995년에 발생한 한신대지진*이었다. 전국에서 자원봉사자가 몰려들었지만 지역 주민들로 이루어진 NPO를 거치지 않고서는 조직적으로는 활동할 수 없었기 때문이다.

* 한신대지진_1995년 1월 7일 고베(神戸)시 일대에서 발생한 지진으로 공식 명칭은 한신·아와지대지진(阪神·淡路大震災)이다. 그 피해가 고베시와 오사카시를 중심으로 반경 100㎞ 안에 집중적으로 미쳤는데, 이때 재일 교포들이 다수 거주하던 고베시 나가타(長田)구가 허술한 목조 주택이 많아 특히 괴멸적인 피해를 입었다. 진도 7.2의 강진으로 사망 약 6300여 명, 피해액 약 14조 1000억 엔을 기록하였다. 한국에서는 '고베대지진'으로 잘 알려져 있다.

자치체의 힘이 미치지 못하는 개별 봉사자들의 요망사항에 세세하게 대응한 것도 그 지역의 NPO였다. 이러한 사정들이 'NPO법'* 제정으로 이어진 것이다.

단지 행정기구에 서비스를 요구하는 데 그치지 않고 스스로 행동하는 시민이 되어야 한다. 지역정부가 자립하기 위해서는 이와 같은 NPO의 활동이 없어서는 안 될 것이다. 이미 공원이나 주민회관 같은 공공시설의 관리운영을 NPO법인에게 위탁료를 지불하고 맡기는 자치체가 나오고 있다.

지바현 아비코시我孫子市는 2006년에 시민들의 지혜와 힘을 빌리기 위해 1000여 건이 넘는 업무의 내용을 공개하고 일을 맡을 단체를 모집하였다. 지금까지 시민대학 강좌나 임산부를 위한 건강 지도 등 34개의 사업을 NPO와 민간 기업에 위탁했다. 시가 기대하는 것은 인구 13만 중 10%를 차지하는 '단카이 세대'가 퇴직 후에 NPO를 통해서 사회활동에 참가해 주는 것이다. "비즈니스와 소비를 통해 시대를 이끌어 온 세대가 이번에는 지역을 위해 일해 주길 바란다."

NPO가 긴 호흡으로 활동하기 위해 꼭 해결해야 할 과제는 자금과 인재다. 이를 위해서는 지역정부나 기업의 도움이 반드시 필요하다. 구체적인 사례는 아직 드물지만, 파나소닉PANASONIC이나 가오花王(합성세제나 화장품 제조

---

* NPO법_민간 비영리단체의 중요성이 부각되는 가운데 이런 단체의 활동을 지원하여 활성화시키기 위해 1998년 3월 25일 '특정비영리활동촉진법(特定非營利活動促進法)'이 제정, 공포되었다. NPO법은 그 약칭이다. 이 법이 제정되기 전까지는 법인체로서의 지위를 갖지 못하는 NPO가 많았다. 이로 인해 기관의 명의로 하는 사무실 임대, 전화 설치 등등에서 문제가 발생했다. 이런 불편함을 해소하기 위하여 NPO에 임시 법인으로서의 자격을 부여한 것이 NPO법이다.

·판매 대기업)처럼 NPO에게 큰 도움을 주는 기업도 나타나고 있다. 또한 자연보호나 청소년 교육, 장애인 지원 등 여러 가지 사회공헌 활동에 지역의 일원으로서 지속적으로 참여하는 기업도 많다. 이런 토양을 더욱 확대해 나가자.

우리는 2007년 5월 3일 게재한 "사설21"에서 "아깝다. 그냥 내버려 둘 수 없다. 주저앉지 말자"라는 정신에 입각한 외교정책을 제안했다. 연대형 사회에도 이 정신을 살리고 싶다. 즉, '시민의 소프트파워'를 적극적으로 활용하는 것이다. 주민들의 고민을 "그냥 내버려 둘 수 없다". 그것을 해결할 수 있는 시민의 힘을 썩히는 것은 "아깝다". 때로는 실패할지도 모른다. 그래도 "주저앉지 말자".

문제 해결의 열쇠는 '시민의 소프트파워'

'연대형 복지국가'의 실현을 위해서는 자치체 운영에 주민의 적극적인 참여가 반드시 필요하다. 일본이 '쓰레기 분리수거 대국'이 될 수 있었던 것도 주민참여 덕분이다. 이처럼 문제 해결의 힘은 지역 내부에 있으며, 주민의 작은 지혜와 노력을 모으면 큰일을 이룰 수 있다.

시민의 힘이 사장되는 것은 "아깝다".

지역의 문제를 "그냥 내버려 둘 수 없다".

실패하더라도 "주저앉지 말자".

그러면 주민의 힘을 어떻게 모을 것인가? 예전의 지역공동체, 회사공동체를 대신할 새로운 공동체로 지역의 NPO를 활용하여 자치체의 업무를 분담시키자. 또한 일본의 고도성장을 견인해 온 '단카이 세대'의 은퇴 후 여유시간을 NPO 활동에 쓰게 하자. 지역정부와 기업은 자금과 인재를 지원하면 된다. 아사히의 제언은 대개 이런 내용이다.

1992년 브라질 리우에서 국제환경개발회의가 열렸다. 여기서 중요한 의제로 떠오른 "지방의제21"은 세계의 지속 가능한 발전을 위해 환경·경제·사회·문화·교육 등 모든 분야에서 지구적인 차원뿐만 아니라 지방 차원에서 적극적인 노력이 있어야 한다는 내용이다. 그 결과 "생각은 세계적으로, 행동은 지역적으로"라는 슬로건이 잉태되었다.

한국의 경우 2002년에 전국적으로 222개의 자치단체에서 "지방의제21"을 작성 또는 추진했고, 이 성과가 우수 사례로 유엔에 보고되어 각국의 벤치마킹 대상이 되었다고 한다. 그러나 광범위한 실천이 수반되지 않는 멋스럽기만 한 계획은 그저 공허감을 남길 뿐이다. 우리 주변에 여가시간을 주체 못하는 무료한 노인장, 아주머니들이 얼마나 많은가? 자치체가 확고한 의지만 있으면, 그들의 경륜과 '소프트파워'를 지역을 위한 봉사로 이끌어낼 길은 얼마든지 찾을 수 있다.

'제6차 산업'의 육성

❖ 주민의 지혜를 모아 지역의 감추어진 '보석'을 갈고 닦자.

❖ 생산력·가공력·판매력의 삼위일체로 상승효과를 거두자.

지난번까지는 지역을 주체로 한 일본 사회의 구조 변혁에 대해 제언했다.
그러면 피폐한 현재의 지역경제를 살리기 위해서는 어떤 방법이 있을까?
각지의 성공 사례에는 이 물음에 대한 힌트가 숨겨져 있다.

동해에 마주한 효고현兵庫県 도요오카시豊岡市에서 희한한 광경에 맞닥
뜨렸다. 농한기인데도 여기저기 논에 마치 모내기를 하기 전처럼 물이 채
워져 있는 것이었다. 이렇게 하면 실지렁이가 번식해서 땅이 비옥해지고
잡초가 쉽사리 자라지 못하게 된다. 그 덕택에 농약을 일체 사용하지 않거
나 적은 양의 농약으로도 쉽게 벼를 재배할 수 있다고 한다. 미꾸라지와
같은 수생동물도 늘어나 황새의 좋은 먹이 터가 되었다.

일본에서 황새는 1971년 이 지역에서 목격된 것을 끝으로 자취를 감췄다. 농약이 황새의 수명을 단축시킨 것이다. 그러나 그 후 인공사육에 힘써 2007년 현재 야생으로 돌려보낸 황새 19마리가 근방에서 서식하고 있다. 이런 방법으로 벼농사를 시도한 2003년에는 재배면적이 1헥타르(=1만㎡)도 채 안 되던 것이 4년 만에 157헥타르로 늘어났다.

이토요카도*가 2007년 가을부터 시작한 인터넷 통신판매용 햅쌀에 도요오카시에서 생산된 쌀도 포함되었다. 5kg에 3620엔. 니가타新潟의 미나미우오누마南魚沼산 쌀에 이어 두 번째로 비싼 가격이다. 가격이 싼 쌀보다 세 배 정도 비싸다. 황새가 서식하는 논에서 난 쌀은 안전하고 맛있다는 소문이 소비자들 사이에 정착했기 때문이다. 오사카 시내의 생협** 조합원과의 교류도 시작되어 구매자가 상품을 믿고 구입할 수 있는 산지직송 거래가 늘고 있다.

* 이토요카도_1920년 도쿄도 다이토(台東)구 아사쿠사(浅草)에서의 '요카도양품점(羊華堂洋品店)' 개업을 시작으로 그 후 계속적으로 영업 규모를 확장한 세계적인 소매 유통회사다. 일본 내에서는 대형 슈퍼마켓, 백화점, 전문 숍, 할인점 등을 운영하며 국내외에서 편의점 세븐일레븐(7-Eleven) 체인을 운영하고 있다. 2007년 기준으로 매출액 1조 5115억 3000만 엔이며, 당해 연도 세계 식품·잡화소매 체인 매출액 순위에서 5위를 차지하였다.

** 생활협동조합(生活協同組合, 생협)_지역 주민들의 자발적인 참여로 운영되는 조합으로 보통은 '세이쿄(生協)'로 약칭한다. 1879년 일본 최초의 생협인 교리쓰상사(共立商社)가 도쿄에 설립된 후에 일본 각지에서 설립되었다. 2차 세계대전 이후의 빈곤한 상황 속에서 소비자 스스로 자신들의 생활을 지키자는 움직임이 나타나 1948년 '소비생활협동조합법'이 새롭게 제정되었다. 이후 경제성장과 함께 생활의 질에 대한 소비자의 의식이 높아지면서 지역의 주부들이 생협 운동의 중심적인 존재가 되었다.
주요 사업은 생활물품의 공동 구매활동이 중심이지만, 그 외에 공제사업·의료·노인요양보험 서비스·주택 분양·관혼상제에 이르기까지 대단히 광범위한 분야를 취급한다.

야스즈카초의 눈 택배 (출처: 일본 국토교통성)

식재료의 글로벌화가 진행되는 한편, 안전하고 안심할 수 있는 식품에 대한 수요가 늘고 있다. 일본의 농업이 활로를 열기 위해서는 이와 같은 '안전한 식재료의 공급기지'를 지향하는 것이 중요하다. 그리고 인터넷도 활용하면서 생산자가 직접 소비자를 찾아나서는 등 독자적인 판로를 개척해야 한다. 한때는 멸종했던 황새가 이러한 방향의 중요성을 암시해 준다.

일본에서 인구 부족에 시달리는 지역은 전체 면적의 절반을 차지한다. 2005년 니가타현 조에쓰시上越市에 편입된, 눈이 많이 내리기로 유명한 구 야스즈카초安塚町도 고령화가 심각하다. 하지만 어두운 그림자는 별로 찾아볼 수 없다. 농가에 민박을 하면서 농촌을 체험하기 위해 연간 900여 명이나 되는 초·중학생이 이 마을을 방문한다. 대나무 잎으로 감싼 경단을 팔거나 쌀의 예약 구매자를 모집하는 등 도시와의 교류가 왕성하다.

고령화가 심각한 마을이지만 이러한 공동사업으로 연간 1700만 엔을 벌어들인 경험도 있다. 성공의 계기는 단지 애물단지에 지나지 않던 '눈'을 돈벌이로 활용한 것이다. 지금으로부터 21년 전 야스즈카초는 눈사람 모양의 용기에 실제 눈과 고장의 특산품을 넣은 상품을 개발했다. 이것이 히트를 친 것이다.

야스즈카초의 전 정장町長인 야노 마나부矢野学 씨는 눈을 보다 더 효율적으로 활용할 수 있는 방법을 생각해냈다. 겨울철에 쌓인 눈을 건물 지하에 저장했다가 여름철 냉방용으로 사용한 것이다. 이 방법을 고령자를 위한 시설이나 중학교 등으로 널리 보급시켜 전기세를 대폭 절약할 수 있었다. 눈 창고에 쌀이나 술을 저장하는 사업도 궤도에 올랐다. 게다가 눈을 이용해서 마을을 일으켰다는 소문이 퍼지자 숙박 체험자가 줄을 잇게 되었다.

야노 씨는 '장사하는 마을로 만들자'고 주변을 설득하고 있다. 지혜를 짜내어 지역이 안고 있는 핸디캡마저 마을의 대표 상품으로 바꾸자는 것이다. 그리하여 이 일이 현금 수입으로 결실을 맺는다면 주민들의 의욕과 자립심은 더욱더 고양될 것이다.

상점가로 눈을 놀려보자. 시가현滋賀県 나가하마시長浜市에 극적으로 변모한 거리가 있다. 바로 사방 약 300m 이내에 복고풍의 가게가 늘어선 '검정벽 거리'*다. 옛날 도요토미 히데요시豊臣秀吉가 나가하마의 성주로

* **검정벽 거리**_'구로카베'란 벽을 검게 칠한 일본 전통의 창고형 건축물을 뜻한다. 시가현 나가하마시에는 구로카베 1호관부터 30호관까지 에도(江戸)시대에서 메이지(明治)시대에 걸친 전통 건물이 즐비하게 늘어서 있다. 이런 고건축물을 활용한 미술관·갤러리 등의 문화시설과 레스토랑·카페 등이 밀집하고, 일본 최대의 유리공예품 거리로도 잘 알려져 있다.

나가하마시의 검정벽 거리 (출처: 일본 위키피디아)

있을 때, '라쿠이치라쿠자*'라는 세금을 면제해주는 경제정책을 펴서 번
영했던 곳이다.

연간 약 300만 명의 관광객이 방문하며, 상가 살리기 계획의 성공 사례로도
널리 알려져서 전국으로부터 견학 방문이 끊이지 않는다.

* 라쿠이치라쿠자(樂市樂座)_센고쿠(戰国)시대 말기인 16세기 후엽에 행해
진 상업진흥정책이다. 중세부터 일본의 시장은 '자(座)'라는 동업자조합을
중심으로 운영되었다. '자'는 조정이나 귀족, 사찰 등에 세금을 바치고 영업
권과 판매권 등을 인정받았다. 때문에 '자'를 구성하지 않은 일반 상인들은
특정 물품의 제조나 판매를 일체할 수 없는 등 자유로운 상업 활동이 저해되
었다.
센고쿠시대의 다이묘(大名)들은 '라쿠이치라쿠자'라는 방책을 고안하여
'자'의 특권을 폐지했고, 덕분에 자유로운 상거래가 이루어질 수 있었다.
이 정책을 집대성한 자가 센고쿠시대를 수습한 오다 노부나가(織田信長,
1534~1582)이며, 그의 뒤를 이은 도요토미 히데요시(1537~1598)에게 그
대로 계승되었다. 이 정책의 이면에는 영주가 지배하는 영내로 많은 상공
업자들을 유인하여 세력을 강화하려는 의도가 담겨 있었다.

1988년 4월의 조사 결과에 따르면, 당시 나가하마시의 상점가에서 사람의 왕래는 일요일 1시간 동안 겨우 4명에 불과했다. 인근에 대형 쇼핑몰이 들어선 여파로 예전의 상가는 완전히 쇠퇴하고 만 것이다. 그 당시 '구로카베黒壁'라는 애칭으로 친숙했던 옛 은행 건물이 헐릴 위기에 처했다. 그러자 그 건물을 중소기업 경영자들이 시와 협력하여 매입했고, 그 다음해에 궁리 끝에 유리를 중심으로 한 상가 살리기 계획에 착수했다. 이 건물은 '구로카베 유리공예관'으로 재탄생할 수 있었다.

유리공예와는 전혀 인연이 없던 곳이지만 유럽산 유리공예품을 중심으로 전시·판매해 본 결과 상당한 호평을 받았다. 이를 계기로 유리공예가가 각지에서 모여들어 바야흐로 유리공예의 거리로 유명해졌다. 가까운 홋코쿠北国 도로 주변의 오래된 가게들은 작업실이나 전시장으로 새롭게 단장되었다. 외지 사람이 경영하는 가게도 많이 생겼다. 거리는 센고쿠시대 말기의 구획 형태가 그대로 되살아났다. 그 결과 지금은 연간 200만 명의 관광객을 불러들이고 있다.

제조업 분야에서도 전통 기술을 살려 세계로 수출하는 곳이 있는데 그중 하나가 서양 식기 제조로 유명한 니가타현 쓰바메시燕市다. 이 지역에서 식기 연마공정에 종사하던 회사들은 기술력을 인정받아 애플사의 휴대용 음악플레이어인 아이팟i-Pod의 뒤쪽 거울 면 공정을 담당했다. 또 일본 국내에서 붓의 산지로 유명한 히로시마현広島県 구마노초熊野町의 기업가들은 전통 기술을 고가의 화장용 붓에 응용하여 해외로도 판로를 넓혔다.

'제6차 산업'이라는 신조어가 있다. 1차는 농림·수산, 2차는 제조·가공, 3차는 판매·서비스업인데, 세 가지의 숫자를 더하든 곱하든 답은 '6'이다.

곱할 경우 어느 한쪽이라도 0이 되면 결과도 0이 되어 버린다. 원래는 가공·판매까지 아우르는 새로운 형태의 농업을 제창한 어휘지만, 지역경제의 활성화를 위해서도 이 시너지효과는 대단히 중요하다.

자연이나 역사, 전통 등과 같은 그 고장에 감춰진 '보석'을 캐내어 가공하고 거기에 새로운 부가가치를 더한다. 그리고 도시의 수요를 파악하여 판로를 개척한다. 이번 편에서 다룬 각 지역은 그러한 1차, 2차, 3차 산업을 종합하는 힘을 통해 자립의 물꼬를 틀 열쇠를 얻었다.

모두들 지역 활성화가 시급하다고는 하지만 아직도 공공사업이나 보조금을 올려달라고 가스미가세키*에 간청만 해대는 실정이다. 그러나 외부로부터의 지원에 의존하는 한 자립은 아득한 이야기다. 지역 발전을 위해 주민들의 지혜를 모으는 것이야말로 주머니 속의 '보석'을 갈고 닦는 일이 될 것이다.

* 가스미가세키(霞が関)_도쿄 지요다(千代田)구에 위치한, 외무성·환경성·문부성·재무성 등을 비롯한 중앙정부의 각종 행정기관이 집중된 곳이다. 그래서 '가스미가세키'는 일반적으로 일본의 주요 행정기관을 총칭하는 말로 통용되기도 한다.

'6차 산업'과 지역 대학

피폐한 지역경제를 외부 지원에 의존하지 않고 자체적으로 살리기 위한 구체적인 방안으로 아사히는 원료의 생산에서 가공과 판매·서비스까지를 통합한 이른바 '6차 산업'을 지역마다 육성하자고 제언한다.

중요한 것은 지역 회생의 단서가 될 '보물'이 멀리 있는 게 아니라 바로 우리 주변에 감추어져 있다는 점이다. 효고현 도요오카시가 미꾸라지를 활용한 유기농업으로 안전하고 고품질의 쌀을 생산하여 도시 소비자와 직거래하거나, '설국(雪国)'으로 유명한 니가타현의 야스즈카 마을이 애물단지에 지나지 않던 눈을 역이용하여 각종 상품을 개발하고 관광사업을 일으키는 등등이 좋은 예다.

'6차 산업'이란 어휘 자체는 신선하고도 흥미롭다. 하지만 같은 종류의 시도는 한국에서도 이미 여러 곳에서 있었다. 그 대표적인 사례의 하나로 전남 보성군의 녹차산업을 들 수 있지 않을까? 보성군은 이전까지 별 주목을 끌지 못하던 녹차를 1990년대 중반부터 지역의 주력 브랜드 상품으로 선정하고 적극적인 개발 전략을 세웠다. 과학적인 재배를 통해 품실을 고급화한 다양한 상품을 개발했고, 대대적인 홍보활동을 펼쳐 전국에 제품을 공급하는 동시에 차밭을 관광지로까지 활용했다. 그 결과, '보성녹차'라는 브랜드는 연간 5000억 원에 달하는 막대한 경제효과를 지역에 안겨 주었다고 한다.

그러나 '6차 산업'은 성공보다 실패로 끝난 예가 훨씬 많다. 아무리 지역 내에 숨겨진 '보석'이라 해도, 그것을 찾아서 개발하여 상품화하고 판매 루트를 개척하기 위해서는 문제의식을 공유하는 지역의 인재와 전문가 그룹, 의욕적인 지방자치체의 연계가 반드시 필요하다. 최근 자치체마다 힘껏 추진 중인 산·학·연

협력도 애당초 그런 목적을 표방하고 있다. 하지만 참여하는 구성원이 '잿밥'만을 탐내어 예산 낭비의 공염불로 끝나는 경우를 주변에서 자주 본다.

지역의 대학은 지역사회 최고의 싱크탱크이자 최대의 인재 공급처다. 또한 지역사회가 쇠퇴하면 대학도 함께 무너질 수밖에 없으므로 양자는 분명히 생사고락을 같이 하는 운명공동체다. 그러므로 자치체와 대학이 지역의 미래에 대한 고민을 공유하며 전면적인 협조 체제를 구성하지 않으면 산·학·연 협력이든 '6차 산업'이든 요원한 일이 될 것이다.

무엇보다 중요한 것은 인재난의 극복이다. 지금처럼 수도권과 몇몇 대기업이 전국의 인재를 블랙홀처럼 빨아들여서는 안 된다. 최근 흔히 듣는 '선택과 집중'은 어느 정도 공정한 경쟁기반이 갖춰진 건강한 사회에서만 내세울 수 있는 논리다. 우리는, 지역사회와 대학이 긴밀히 협력하여 깊은 '향토애'를 바탕으로 지역발전에 헌신할 수 있는 인재를 육성하고, 그들이 지역의 미래를 책임지는 구조를 만들어야 한다. 그리고 국가는 이런 지역의 노력을 있는 힘껏 지원해야 한다.

국가 예산을 '안심재정'과 '인내재정'으로 나누자

❖ 안심재정: 현행 수준의 복지 서비스를 끝까지 유지하자.

❖ 인내재정: 피나는 노력으로 세출 삭감을 관철하자.

희망사회를 지탱할 국가 재정을 어떻게 구성하면 좋을까? 앞으로 2회에 걸쳐 이 난제에 대해 고심해보자.

연 수입의 10배 이상이나 되는 빚을 안고 있는 가정이 있다면, 거의 파산 상태라 할 수 있을 것이다. 지금 일본 정부의 재정이 꼭 그런 모습이다. 세금을 중심으로 한 국가의 연수입이 고작 57조 엔인 데 비해 600조 엔이나 되는 채무를 짊어지고 있기 때문이다. 수치가 너무 커서 실감나지 않을지도 모르지만, 갓난아기를 포함해서 국민 1인당 480만 엔의 빚을 안고 있는 셈이다.

일본의 국가 재정은 선진국 중에서도 최악의 상태다. 더욱이 채무가

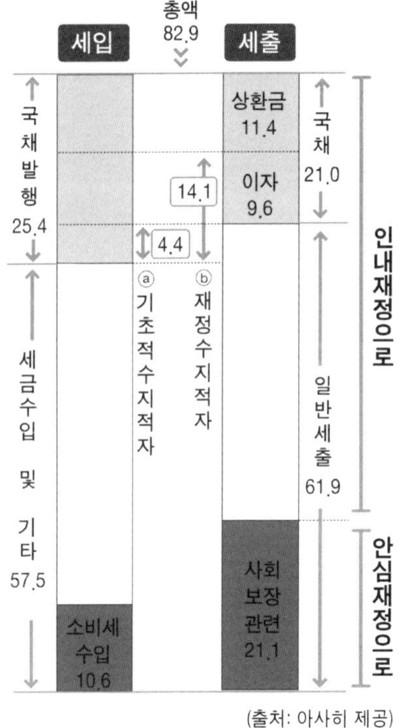

십 수조 엔 규모로 매년 계속해서 늘고 있다. 그림 ①을 보자. 기존 채무에 대한 원리금 상환을 새로운 채무로 막고 있을 뿐만 아니라, 매년 국가 운영경비의 일부까지 빚으로 조달하고 있다. 게다가 일본은 세계에서 전례 없는 속도로 저출산·고령화가 진행되어 의료나 노인 요양 등 사회보장비가 앞으로 급격하게 증가해 갈 것이다. 이대로 가다가는 채무가 눈덩이처럼 불어나서 재정이 파탄할지도 모른다. 채무를 늘리지 않도록 엄격하게 관리하면서 고령화에 요구되는 사회보장비용을 염출하기 위해서는 어떻게 해야 할까?

우리는 이런 제안을 하고 싶다. 재정을 크게 두 부분으로 나누어서 관리하는 것이다. 우선 의료와 연금·노인 요양·생활보호·육아 지원 등 사회보장 부문을 한 데 모아서 관리한다. 말하자면, 국민들의 생활을 안정적으로 지탱하는 '안심재정'이다. 차세대를 이끌어 갈 아동들의 교육을 여기에 포함시키는 방안도 있을 것이다.

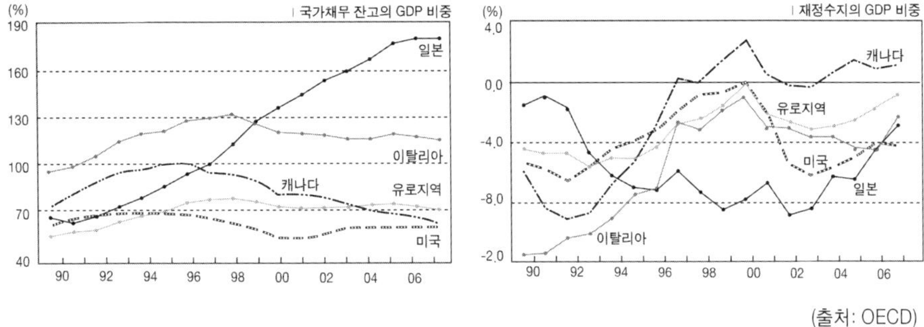

(출처 : OECD)

그 외의 분야는 다른 한쪽으로 모으되 기존 국가채무의 관리도 여기에 포함시킨다. 이는 증세를 용납하지 않고 철저한 세출 삭감을 고수해야 하므로 '인내재정'이라 부르기로 하자. 그림 ①에서 보자면, 세출을 그림의 오른쪽과 같이 둘로 나누는 구상이다.

'인내재정'에서 증세를 인정하지 않은 이유는 정부로 하여금 세출 삭감을 위해 피나는 노력을 하도록 다그치기 위해서다. 다만, '인내재정' 가운데도 예를 들어 과학기술의 진흥이나 온난화 대책과 같이 미래를 위해 재원을 확충해야만 할 분야도 있을 것이다. 이를 위해 재정 낭비가 많은 공공사업이나 방위비, 인건비, '아마쿠다리'* 등등 행정 각 부서의 기득권을 최대

---

* **아마쿠다리(天下り)**_'아마쿠다리'는 퇴직한 고위 공무원이 재직 당시 업무와 관련된 정부 산하기관이나 공기업, 민간기업에 재취업하는 것을 말한다. 이에 대해 우리가 흔히 말하는 '낙하산 인사'는 해당 업무에 대한 능력과 관계없이 정부의 고위층 인사가 본인과 인맥이 닿는 사람을 산하 기관의 임직원으로 앉히는 것을 의미하므로 '아마쿠다리'와는 성격이 조금 다르다.
양쪽 다 퇴직금과 급여를 이중으로 수령하거나, 제대로 근무를 하지 않음에도 고액의 급여를 받는 등 여러 가지 문제가 있다. 그중에도 가장 심각한

한 줄이지 않으면 새로운 재원을 확보할 수 없는 구조로 만들어버리자는 것이다.

게다가 '인내재정'에는 국채 삭감의 책임도 부여한다. 우선 그림 ① 속 A의 적자 4조 4000엔을 없애도록 노력한다. 정부가 2011년도 달성을 목표로 제시한 기초적 재정수지*의 흑자화다. 이것이 달성되면 국채 상환비를 제외한 세출을 세금 수입으로 꾸려 나갈 수 있게 된다.

그래도 아직 과거에 진 채무에 대한 이자상환분 만큼은 국채 잔고가 늘어간다. 가능하면 그림 ①의 B 부분에 해당하는 재정 적자까지 해소해서 채무의 증가 추세를 멈추게 하고 싶다. 하지만 적자는 2007년도에 14조 1000억 엔에 달했다. 이 거액의 적자를 세출 삭감만으로 달성하는 것은 쉽지 않다. 그렇기 때문에 경제성장이 더욱더 중요한 열쇠가 된다. 성장에 따라 자연히 세금 수입도 늘어나기 때문이다. 세수 증가와 세출 삭감을 통해 조금씩이라도 B를 줄여가지 않으면 안 된다.

한편, '안심재정'에서는 저출산·고령화에 대비하여 적어도 현행 수준의 사회보장 서비스를 유지해 갔으면 한다. 그에 필요한 비용이 장차 얼마나 들까? 후생노동성의 전망을 기준으로 어림잡아 계산해보면, 중앙과 지

문제점은 행정기구의 고위직 공무원들이 퇴직 후 취업할 곳을 확보하기 위해 재직 중에 기업들과 부적절한 관계를 맺는 일이다.

＊기초적 재정수지_일본 정부는 「경제재정운영과 구조개혁에 관한 기본방침 2006」에서 2011년도까지 중앙과 지방을 통틀어 기초적 재정수지를 흑자화한다는 목표를 설정했다. 그에 따라 정부는 세금 인상 없이 2007년부터 5년간 세출을 최대한 14조 3000억 엔 삭감하여 목표를 달성할 계획이었다. 그러나 2008년 9월에 발생한 미국발 금융위기로 이 방침은 물거품이 되었으며, 현재는 소비세의 세율 인상 없이 재정수지의 흑자화를 달성하기가 거의 불가능해졌다.

방을 통틀어 필요한 재정자금은 2025년도에 50조 엔이므로 2006년도보다 20조 엔이나 불어난다. 소비세로 말하자면 현재보다 6~7%의 세율 인상에 해당한다. 매우 무거운 부담이다.

하지만 이 자금을 국채 발행을 통해 조달하는 것은 더 이상 허용할 수 없다. 일본의 국가 재정은 현재도 선진국 중에서 최악이고 금리도 최저 수준이다. 그럼에도 일본의 금융기관은 국채 매입을 기피하지 않는다. 다음 세대가 채무를 세금으로 갚아줄 것이라고 금융시장이 믿고 있기 때문이다. 이런 신뢰가 무너지면 금리가 폭등하여 재정이 파탄할 수밖에 없다. 그렇게 되면 지금 수준의 복지를 유지하는 일도 불가능해진다.

'인내재정'에서의 세출 삭감과 경제성장이 순조롭게 진행되면 '안심재정'으로 재원을 돌리는 일도 기대할 수 있다. 하지만 그런 일이 실현된다 해도 '안심재정'의 부족한 재원을 충당하기 위해서는 역시 부담 증가를 각오해야만 한다. 그래서 다음 호에서는 소비세를 중심으로 앞으로의 세금 부담에 관해 생각해 볼 계획이다.

복지사회를 위한 재정 이원화

저출산·고령화에 대비하기 위한 기본구상으로 아사히는 재정의 이원화를 제언한다. 먼저 의료·연금·노인 요양·생활보호·양육 지원 등에 교육까지를 포괄한 광의의 복지 예산을 '안심재정'으로 설정하며, 불원간 예상되는 증세의 전액을 그 재원으로 투입한다. 복지 분야를 제외한 일반 예산은 철저한 세출 삭감을 의무화한다는 점에서 '인내재정'으로 명명했다. 이는 증세나 국가 채무의 증가를 용납하지 않을 뿐만 아니라 기존 국채에 대한 상환 의무까지 부여한다.

이렇게 국가 재정을 이원화하자는 주장은 이 시리즈 사설 중에서도 많은 전문가들이 가장 공감을 표한 부분이다. 보통은 국가가 예산을 삭감할 때 제일 큰 타격을 받는 것이 복지 분야다. 그러나 '안심재정'에서는 미래의 '안심'을 위한 복지 예산을 최우선적으로 확보하고자 한다. 장차 증세로 세금 부담이 커지더라도 국민들은 그것이 자신의 노후와 사회안전망 구축을 위해 쓰일 자금이라는 점을 이해하므로 증세의 당위성을 쉽게 납득할 수 있다. '인내재정' 또한 국가에게 엄중한 세출 삭감을 요구함으로써 대중적 지지를 얻기 쉬울 것이다.

그러나 아사히의 제언은 경제성장에 따른 자연적인 세수 확대를 기대하기 어려운 현 상황과 큰 괴리가 있다. 일본은 지금도 대외 순자산이 약 250조 엔에 달하는 세계 제1위의 채권국이다. 그러나 다른 한편으로 2008년도 정부의 누적 재정적자는 787조 엔에 달하며, GDP 대비 적자 규모도 154%로 다른 선진 국가들에 비해 압도적으로 높다. 국가재정 면에서 일본은 병세가 심각한 '불량 국가'인 셈이다.

게다가 2009년 여름 현재, 당면한 경제위기 극복을 위해 신칸센·고속도로

·공항·항만의 정비 등등의 명목으로 100조 엔 이상에 달하는 거액의 공적자금
투입이 추가적인 경제 대책으로 논의되고 있다. 재정적자는 삭감은커녕 금시라
도 800조 엔 이상으로 늘어날 것이 거의 확실시된다. 참고로, 일본은 1990년대
'거품 경제'로 인한 불황을 타개하기 위해 10여 년간 공공사업을 중심으로 총액
130조 엔의 경기 대책을 단행했으나 경제는 호전되지 않았다.

　　화급을 다투는 현실에 신속, 과감하게 대응하면서도 한편으로는 미래의 '안
심'을 위한 중장기적인 대비에 과부하가 걸리지 않도록 하는 일. 일면 상호대립적
인 이 양자의 조화를 어떻게 도모할 것인가? 정치가들이 책임져야 할 가장 중요한
일이 바로 이 문제일 것이다.

　　현재의 추세라면 한국도 2020년대는 일본에 이어 세계 제2위의 고령사회를
피할 수 없다고 한다. 또한 미국발 금융위기의 악영향도 현실적으로 같이 받고
있다. 아사히가 제기한 재정 이원화는 한국 정치에도 중요한 시사점이 되지 않을
까?

소비세율의 인상 없이는 미래를 '안심'할 수 없다

❖ 유지해야 할 복지 수준과 증세를 패키지로 제시하자.

❖ 필수품의 세율은 경감하고, 주요 식료품에는 비과세를 적용하자.

현재와 같은 수준의 복지 서비스를 지켜내기 위한 '안심재정'과 피나는 노력으로 세출을 삭감해야 하는 '인내재정'으로 재정을 이원화해서 고령화 사회에 대비하자. 지난 호에는 이런 제안을 했다.

거듭 말하지만, 현재의 복지 수준을 2025년에도 유지하자면 중앙과 지방을 합친 재정 부담이 2006년도에 비하여 어림잡아 20조 엔 정도 증가할 것이다. 한편, '인내재정'의 경우도 세출 삭감을 통해 빚더미에 올라앉은 지금의 재정 상태를 재정비하고 국채가 현 수준 이상으로 늘어나지 않도록 하는 것은 무척 어려운 일이다. 또 가능한 한 경제성장력을 높여 세금 수입을 늘린다 해도 복지를 위한 '안심재정'으로 돌릴 수 있는 재원은 별로 기대할 수 없을 것이다.

장래를 내다보면 증세를 통한 부담 증가는 어차피 피할 수 없다. 그렇게 각오를 다지고 대담하게 발상을 전환하지 않고서는 사회보장의 기반을 다질 수 없고, 희망사회를 향한 청사진도 제시할 수 없을 것이다.

그렇다면 어떤 분야의 세금을 늘릴 것인가? 역시 증세는 소비세를 중심으로 할 수밖에 없다고 우리는 생각한다. 그 이유는 첫째, 소비세는 모든 국민이 공평하게 부담하는 세금이다. 따라서 국민 모두가 서로의 생활을 지탱해 주는 사회보장의 재원으로 활용하기에 적합하다.

둘째, 저출산·고령화가 진행됨에 따라 경제활동이 가능한 세대는 점차 줄어들기 때문에 그들에게만 증세의 부담을 지게 할 수는 없다. 그리고 현재 소득이 적은 고령자들 중에 젊은 시절부터 저축해 놓은 재산으로 풍요로운 노후를 누리는 사람들도 있다. 이런 사람들에게는 소비하는 금액에 따라서 복지를 위한 재원을 부담시키는 것이 이치에 맞다.

셋째, 소득세나 법인세의 세금 수입이 경기에 따라서 변동의 폭이 큰 데 비해 소비세는 세수가 비교적 안정적이므로 복지를 위한 재원으로 적절하다.

'안심재정'을 위한 재원을 소비세 중심으로 하자는 것은 위와 같은 이유에서다. 하지만 소비세에는 큰 부작용이 있다는 점도 잊어서는 안 된다. 그것은 빈곤층일수록 부담하는 정도가 무거워지는 '역진성'*의 문제다.

* **조세의 역진성(逆進性)**_보통은 소득이나 재산이 많을수록 세금을 더 많이 거두는 누진세의 원칙이 적용된다. 그러나 소비세의 경우는 소득, 재산과는 상관없이 똑같은 세율이 적용되기 때문에 같은 금액을 소비하면 가난한 사람에게 상대적으로 더 많은 부담이 전가되는 셈이다. 이것을 '조세의 역진성'이라 한다.

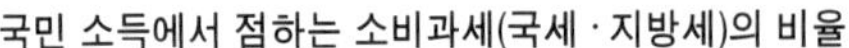

국민 소득에서 점하는 소비과세(국세·지방세)의 비율

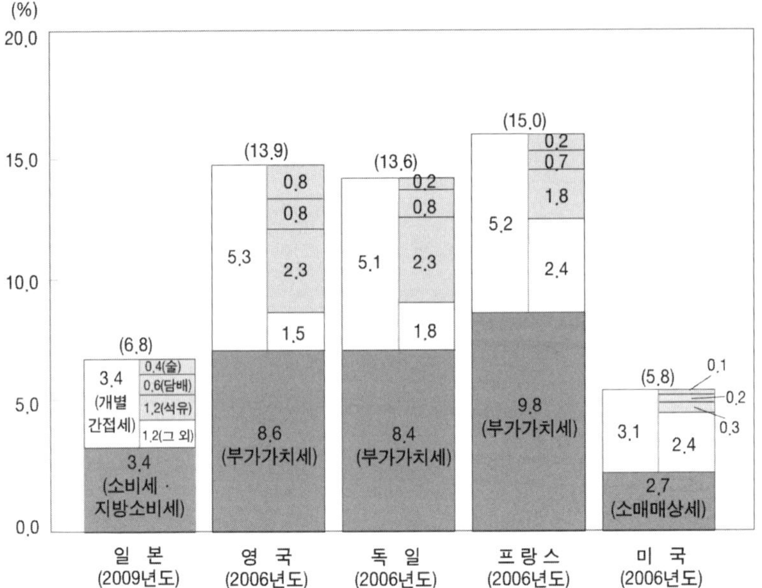

*개별 수치와 합계가 일치하지 않는 부분도 있으나 원래 표를 그대로 제시함.
(출처: 일본 재무성)

이 결점을 보완하기 위해서는 아래와 같은 대책이 필요하다.

우선 일상적인 생활필수품에 대해서는 소비세율을 경감하여 지금과 같이 5%로 유지한다. 나아가서 국민들의 이해를 얻기 위해서는 쌀이나 밀가루와 같이 식생활의 기본이 되는 식료품에는 과감히 비과세를 적용하는 방법도 생각할 수 있다.

다음으로 간접세인 소비세를 인상하는 것만이 아니라 직접세의 세율도 올려야 한다. 각종 세금 사이의 균형을 맞추는 일이 세 부담의 공평성을 위해 중요하기 때문이다. 예를 들어 소득세는 최근 20년간 최고세율*이

부가가치세율(표준세율)의 국제비교

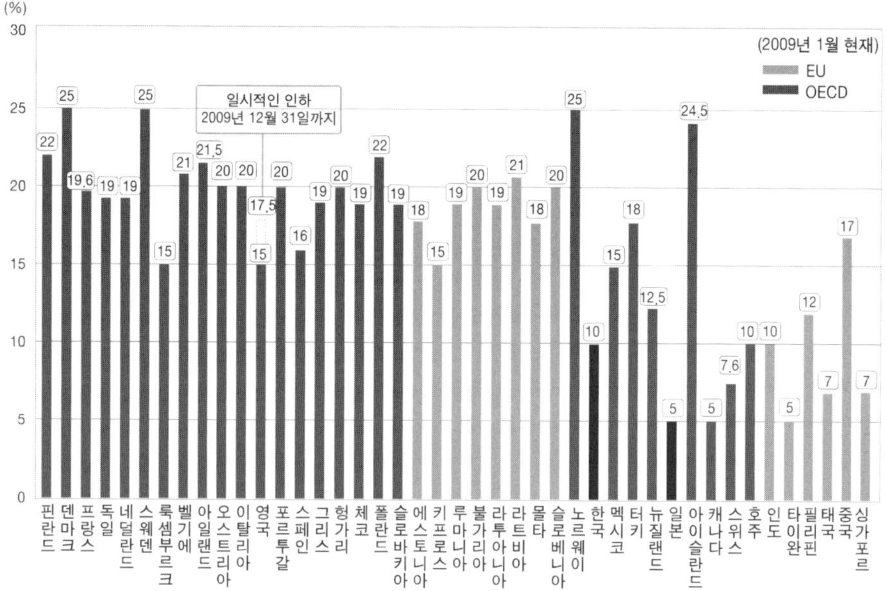

| 비고

① 일본의 소비세율 5% 중 1% 정도는 지방소비세(지방세)다.
② 영국은 2008년 12월부터 2009년 12월까지 1년 동안 시한조치로 표준세율을 종래의 17.5%에서 15%로 인하하였다.
③ 캐나다는 연방의 재화 서비스세(부가가치세) 외에도 대부분의 주에서 소매매출세 같은 세금을 부과한다.
④ 미국은 주·구·시에 의해 소매매상세가 부과되고 있다.(예: 뉴욕시 8.375%)

(출처: 일본 재무성)

* **소득세의 최고세율**_소득에 따라 적용되는 세율의 최대치를 의미한다. 일본은 2007년을 기준으로 연수입이 195만 엔 이하인 사람에게 최저세율인 5%를 적용하고, 연수입이 1800만 엔을 초과하는 사람에게 최고세율인 40%의 세율을 적용했다. 한국의 경우 2008년을 기준으로 연수입이 1200만 원 이하에는 최저세율인 8%, 연수입이 8800만 원을 초과하는 경우 최고세율인 35%를 적용하고 있다.

여러 번 인하되어 소득이 많을수록 부담이 무거워지는 누진累進의 정도가 약해졌다. 과세 대상이 되는 소득을 공제해 주는 항목도 계속 확대되거나 신설된 결과, 1991년도에 약 27조 엔이던 소득세 수입이 2006년도에는 거의 절반 수준인 14조 1000억 엔으로 줄었다.

소득세 증세에는 현재 일본 사회에서 크게 문제시되는 계층 간의 격차를 줄이는 효과도 있다. 일본은 국세 40%와 지방세(=주민세) 10%를 합친 소득세의 최고세율이 50%로 이미 선진국들 중에서 제일 높은 수준이다. 최고세율을 더 올리기에는 한도가 있겠지만, 그러나 여기서 얻어지는 재원은 상대적으로 소비세 부담이 무거운 빈곤층을 위한 대책으로 사용할 수도 있다. 마찬가지로 '거품경제' 시기에 과세율이 완화된 상속세도 재정비함으로써 경제적인 격차가 다음 세대로 과도하게 대물림되어 사회 계층화가 심화되지 않도록 하는 것이 중요하다.

위와 같은 방법으로 불어난 세수는 모두 복지비용을 위한 '안심재정'으로 편입시킨다. 소비세율의 수준은 다른 세금의 증세와 균형이 맞아야겠지만, 중복지·중부담에 해당하는 유럽 각국의 경우 프랑스 19.6%, 독일 19%, 영국 17.5%로 소비세율을 두 자릿수 후반까지 끌어 올렸다. 이 글의 첫 머리에 쓴 2025년 사회복지에 필요한 재정수요 증가액 20조 엔은 소비세로 치면 세율 6~7% 인상분에 해당한다. 그러므로 머지않아 소비세율이 10%대로 오르는 것을 각오할 수밖에 없을 것이다.

세금을 올릴 때는 언제나 경기에 찬물을 끼얹지 않을까 하는 걱정을 하게 된다. 일찍이 일본경단련은 '소비세를 매년 1%씩 올린다'는 시뮬레이션을 제시했다.* 이렇게 장기간에 걸쳐 세율을 조금씩 올리면 된다. 예컨대 정부가 '세율을 2년에 1%씩 올리겠다'라고 사전에 예고한다면, 사업자가 계획적으로 대응할 수 있고 경제에 미치는 영향도 최소한으로 억제할 수 있지 않을까?

2007년 가을, 자민당과 민주당의 당수가 '대연립'*을 논의했다. 그 동기 가운데 사실은 소비세 문제가 있었던 게 아닐까? 증세, 특히 소비세 도입이나 인상에 대한 논의는 정계에서 가장 터부시하는 일이다. 지금까지 이 문제에 착수했던 내각은 모두 단명하거나 여론의 거센 반발을 받았다. 자민당과 민주당 모두 그 두려움을 너무나 잘 알고 있다.

최근 자민당의 재정개혁연구회**가 증세에 대한 구상을 정리하여 발

* 일본경단련(日本経団連)과 소비세_경단련은 사단법인 일본경제단체연합회(日本経済団体連合会)의 약칭으로, 한국의 전경련과 유사한 성격이다. 공산당을 제외한 일본의 각 정당에 정치헌금을 내고 있어서 정계에까지 큰 영향력을 행사한다.

본문의 내용은 일본경단련이 2003년에 발표한 것으로, 경제의 활력을 계속 유지하면서 지속적으로 증가하는 사회보장비를 준비하기 위해 2004년부터 매년 소비세를 1%씩 올리자는 제안이다. 일본경단련은 현재도 2014년도까지는 소비세를 10%로 인상해야 한다고 주장하고 있다.

* 내각 대연립 구상_2007년 11월, 여당인 자민당과 제1 야당인 민주당 사이에 오간 구상을 말한다. 2007년 7월부터 중의원은 여당이 절대 다수를 차지하고 참의원에서는 민주당이 제1당이 되었기 때문에 양원의 정책 결정이 서로 대립하는 현상이 일어났다. 이를 해결하기 위해 당시의 후쿠다 야스오(福田康夫) 내각은 민주당의 당수 오자와 이치로(小沢一郎)와 대연립을 합의했다.

그러나 그 직후, 민주당 내부에서 이를 정권과의 야합이라고 규정한 거센 반발이 일어나서 구상은 바로 좌절되었다. 자민당이 민주당과의 대연립에서 노린 최대의 현안은 소비세율 인상이었다는 것이 대다수 매스컴과 식자들의 견해다.

** 재정개혁연구회(財政改革研究会)_2005년에 당시의 자민당 정조회장(政調会長)이던 요사노 가오루(与謝野馨)가 설치한 연구회다. 2007년 11월 21일 공표한 중간발표에서 소비세율 인상분을 사회보장세로 특정하자는 의견을 제시했다. 그 외에도 '단카이 세대'가 연금수급자가 되는 2010년대

표했다. 2010년대 중반까지를 목표로 소비세율을 인상하여 거기서 얻어지는 재원을 복지 예산에 전액 투입한다는 것이다. 한편, 현재(2007)로서는 증세를 부정하고 있는 민주당도 전에는 연금재정의 손실을 보전하기 위해 소비세 3% 인상안을 내놓은 시기가 있었다. 일본의 장래를 진지하게 걱정하는 정당이라면 증세는 피하기 어려울 것이다.

누구라도 증세는 싫다. 하지만 정당에게는 국가를 운영할 책임이 있다. 따라서 정당은 최소한 20년 후를 내다보며 현행 복지 수준의 유지와 그에 따른 부담을 패키지로 제시하여 국민의 납득을 얻어야 한다. 정권 획득을 노리는 정당이라면 당연히 이러한 정책을 국민 앞에 제시하고 선거를 통해 겨뤄야 한다.

현재의 재정 상태를 그냥 방치하면 재정 파탄으로 주민 서비스를 제대로 할 수 없게 된 홋카이도의 유바리시처럼 나라 전체가 그렇게 되어 버린다. 남은 시간은 얼마 없다. 자라는 아이들에게 희망사회를 물려주기 위해서는 바로 지금 어른인 우리가 해결책을 내놓지 않으면 안 된다.

중반의 연금·의료·노인 요양을 위한 재원 마련과 저출산 대책에 필요한 안정적인 재원을 확보하기 위해 소비세율을 적어도 10%까지 올려야 한다는 주장이 '중간발표'에 포함되었다.

소비세율 인상은 정치가의 책임

아사히는 '안심재정'을 위한 재원으로 유럽 국가들에 비해 세율이 아직 훨씬 낮고, 안정적인 세수를 기대할 수 있으며, 모든 국민이 공평하게 부담하는 소비세의 세율을 지금의 5%에서 두 자릿수로 인상하자고 제언한다. 그리고 빈곤층이 상대적으로 더 많은 부담을 지는 소비세의 역진성을 완화하기 위해 생필품의 세율을 경감하고 주요 식료품에 대해서는 비과세를 적용하자고 한다.

현재와 같은 재정 상태가 지속되면 일본은 고령화가 요구하는 복지비용을 전혀 감당할 수 없을 뿐만 아니라 머지않아 국가재정의 파탄까지도 우려된다. 그러므로 증세가 도저히 회피할 수 없는 절실한 현실 과제라는 점을 정치가라면 누구나 알고 있다. 다만 선거의 표심을 의식하여 한 해, 두 해 실행을 미루고 있을 뿐이다. 그러나 대중은 눈앞의 이익만을 좇는 어리석은 존재가 아니며, 그들도 나름대로 국가의 장래를 깊이 걱정한다. 국가의 미래를 책임질 의지가 있는 정치인, 정당이라면 당장의 표심만 기웃거리지 말고 정면으로 증세 문제와 맞서야 한다. 그것이 궁극적으로 국민 다수의 지지를 얻는 길이다.

개인이 저축을 통해 자신의 노후를 미리미리 준비할 수도 있다. 그런 어느 정도의 노력은 꼭 필요하다. 하지만 다달이 생계에 급급한 현실 때문에 미처 앞날을 예비할 수 없는 사람도 많고, 불안감이 만연한 사회에서는 개인의 행복도 보장되지 않는다. 사회 전체로 보면, 아사히의 제언처럼 평소의 소비생활 속에서 꾸준히 소액의 세금을 납부함으로써 예기치 못한 질병이나 사고, 그리고 노후에 대비하는 편이 훨씬 안전하고 현명한 방법이다.

문제는 증세로 인해 늘어난 세수가 과연 확실하게 '안심재정'의 재원으로만 사용될 수 있느냐는 점일 것이다. 민주당도 소비세 증세에 대한 반대 논리로, 정부가 "낭비를 멈추지 않고 채무를 변제하는 데 계속 (재원을) 투입하지 않을까?"라는 우려를 표명한다(2008년 4월 12일 「아사히신문」의 "희망사회를 위한 제언" 좌담회에서 민주당 간 나오토[菅直人] 의원 발언). 정치의 신뢰성, 정책의 투명성 확보가 무엇보다도 선결 조건이다.

　　한국의 경우, 1977년 부가가치세를 도입한 이래 지금까지 줄곧 세율 10%를 유지해 왔다. 결코 낮은 세율이 아니다. 하지만 2008년 7월 한국조세연구원은 그간 부가가치세의 면세 대상이 지나치게 확대되었으므로 이를 축소하여 세수를 늘리자는 방안을 제시했다. 부가가치세는 국세의 약 3분의 1을 차지할 정도로 비중이 높다. 그러나 이 돈이 정확히 어디에 쓰이는지 국민들은 거의 모른다. 만약 면세 범위를 축소하거나 장차 증세를 요구하고자 한다면 일본의 예와 마찬가지로 정치 및 정책에 대한 신뢰와 투명성이 전제되어야 할 것이다.

A급 산업력을 유지하기 위한 세 개의 기둥

❖ 생활에 밀착한 서비스산업을 수비의 핵으로 삼자.

❖ 금융업과 제조업의 기술 향상을 통해 수세를 공세로 반전시키자.

저출산·고령화가 진행되는 상황에서도 현재의 복지 수준을 유지하는 것이 우리의 중요한 지향점이다. 그것을 지탱하는 힘은 기업 활동과 국민의 노동에서 나온다. 경제의 글로벌화와 인구 감소 등이 초래한 극심한 변화 속에서 일본은 어떻게 헤야 경제성장을 지속해 갈 수 있을까? 이번 호부터 몇 회에 걸쳐 희망사회의 경제기반에 대해 생각해보자.

패전 후의 일본 경제를 프로야구의 시즌에 비유하면, 초반에는 전자제품과 자동차 등 제조업 분야의 큰 활약으로 많은 점수를 얻으며 선두 경쟁에 뛰어들었다. 그러나 초반의 성공에 들뜬 나머지 시즌 중반에 접어들면서 '거품 붕괴'와 같은 실책이 속출했고, 이제는 기세가 오른 하위 팀에게도 따라잡힐 위기에 놓였다. 앞으로는 정말 수비를 강화하고 타력도 향상시켜 오래도록 A클래스를 유지하고 싶다.

수비의 핵으로 적합한 산업은 무엇일까? 그 선두 타자로서 건강·복지·육아 지원과 같은 생활에 밀착한 서비스산업을 들 수 있다. 저출산·고령화 사회의 도래로 이러한 산업의 수요가 계속 높아질 것이기 때문이다. 지금까지는 공적 기관에 맡겨졌다가 이제 비로소 민간기업과 비영리조직(NPO)이 참가하기 시작한 분야기도 하다. 민간의 지혜로 업무 효율성을 높이고 서비스의 질을 향상할 수 있는 여지가 매우 크다. 수출 의존형 경제구조를 내수 주도형으로 바꿔 새로운 고용 창출을 기대할 수도 있는 강력한 수비진이 바로 이런 서비스산업이다.

하지만 수비진을 완성하기에는 아직 갈 길이 멀다. 2007년 여름에 드러난 노인요양사업회사 콤슨*이 저지른 부정이 그것을 단적으로 말해 준다. 이 사건으로 낮은 보수 때문에 노인요양사업에 필요한 도우미의 부족이 심각한 지경이라는 사실이 밝혀졌다.

노인요양보험제도가 시작된 지 불과 8년째다. 노인 요양의 실태를 자세히 관찰하면서 제도를 개혁해 가는 후속 작업이 중요하다. 열악한 노동조건을 개선하면 인재도 모여들고, 국민의 노후를 지탱해 줄 ‘안심산업’으

* 콤슨(COMSN)_인재파견회사 굿윌그룹에 속한 기업으로 1988년에 설립되었다. 민간 복지·노인요양업체로서는 일본에서 가장 규모가 큰 회사다. 2007년 6월 요양보호사를 고용한 것처럼 부정으로 신고하여 정부의 사업보조금을 챙긴 혐의가 적발되었으며, 이후 동종의 다른 업체들에서도 유사한 혐의가 드러났다. 그래서 현재는 “노인요양사업이 일정 궤도에 도달할 때까지는 민간에 일임하기보다 공공기관의 수를 일정 수준으로 유지해야 한다”, “민간업체에 대한 서비스 평가제도를 실시해야 한다” 등의 반론이 커지고 있다.

로 성장할 수 있을 것이다.

복지 분야뿐만 아니라 서비스산업 전체가 일본이 경제성장을 지속하느냐 마느냐라는 열쇠를 쥐고 있다. 통신, 유통에서 관광과 인재 파견에 이르기까지 서비스산업의 폭은 대단히 넓어서, 국내총생산(GDP)과 전체 피고용자수의 각기 70%를 점유한다. 하지만 그 생산성은 제조업이나 선진국의 서비스산업에 비해 아직 턱없이 낮은 수준이다. 이래서는 급료가 오를 수 없다. 의료나 노인 요양과 같은 사회적 서비스는 국민의 생명 및 안전과 직결되므로 엄격한 규정이 필요하다. 그럼에도 민간이 위험을 감수하고 도전할 수 있는 매력적인 분야도 확대해 가야 한다.

2번 타자로는 공수 양면을 모두 단련할 필요가 있는 넓은 의미의 '금융력'을 내세우고 싶다. 근년 들어서 외국과의 거래 결과를 나타내는 경상수지의 흑자가 확대되고 있다. 해외 투자로부터 얻는 이자와 배당금 수입의 급증이 큰 역할을 했기 때문이다. 그리하여 2005년부터는 해외 투자의 흑자가 그동안 효자 노릇을 톡톡히 한 무역흑자를 웃돌게 되었다. 오랜 세월 누적된 무역흑자가 해외 투자로 이어진 결과다. 이제 일본 경제는 무역보다도 투자로써 많은 이익을 벌어들이는 쪽으로 체질이 바뀌고 있다.

그러나 투자 수익률은 미국, 영국과 비교하면 아직도 한참 낮다. 은행·증권·보험 등 기관투자가들의 금융기술이 미숙하고, 자금 운용의 대상이 안정적이지만 금리가 낮은 채권투자 쪽으로 편중된 탓이다. 앞으로 고령화가 더욱 진행되어 신흥국가들이 바짝 추격해 오면 일본의 무역흑자는 감소할지도 모른다. 하지만 이미 해외에 비축한 거액의 자산을 통해 보다 많은 돈을 벌어들일 수 있다면 크게 우려할 일도 아니다.

미국과 영국은 일찍부터 이런 점을 깨닫고 효율적인 해외 투자로써 국민 생활을 유지해 왔다. 영국은 금융자유화로 외국계 자본의 국내 진입을 쌍수를 들고 환영하며 금융력을 높인 결과, 고용과 세수도 늘릴 수 있었다. 스타급 외국 선수가 다수 활약함으로써 세계적으로 명성을 높인 테니스대회의 명칭에 빗대어 이를 '윔블던 현상'*이라고도 부른다. 일본도 프로야구에서 많은 외국인 선수와 감독이 활약하고 있듯이 시장을 더 개방해서 금융을 단련시켜야 한다. 해외 투자만이 아니라 국내적으로도 장래가 유망한 업종과 기업을 엄선하여 자금을 집중적으로 지원하고 육성해 갈 수 있는 금융권의 능력이 지속적인 경제성장을 위해 반드시 필요하다.

마지막으로 의지할 타자는 제조업이다. 이는 시즌 초반의 리드를 주도한 핵심 선수이며 앞으로도 의지해야 할 중심 타자다. 제조업으로 승점을 벌어야 한다. 자동차 산업을 예로 들어 보자. 바야흐로 일본 자동차 산업은 그 수익의 대부분을 해외생산에서 거둔다. 일본 국내는 인구 감소의 여파로 수요가 줄어드는 추세이므로, 주로 중국이나 인도에 공장을 세워 구미의 유력한 회사들과 현지 경쟁을 벌이고 있다.

머지않아 개발도상국의 제조업체들도 성장하여 일본을 추격하겠지

---

* **윔블던 현상**_테니스의 4대 메이저대회 중 하나인 윔블던(전영 오픈)의 잔칫상을 차리는 것은 영국이지만 잔치를 즐기는 것은 주로 외국 선수들이라는 데서 이 말이 생겨났다. 즉, 자유롭게 개방된 금융시장에 외국계 자본이 대량으로 유입되는 현상을 뜻한다.
1986년 대처 내각은 영국 경제의 장기 침체를 타개하기 위해 금융산업의 개방화·자유화를 급속히 추진했다. 그 결과 막강한 자금과 조직력을 갖춘 미국 및 유럽 각국의 금융사들이 속속 금융기관을 인수함으로써 영국의 10대 증권사 가운데 8개 사가 도산하거나 흡수, 합병되었다. 그러나 이로 인해 영국 금융업의 전체적인 경쟁력은 오히려 강화되어 런던이 세계 금융의 중심지로 재부상하는 계기가 되었다.

한국 내에 유통되는 하이브리드 차량

모델명	제작업체	연로	배기량 (cc)	변속기	연비 (km/L)	CO₂배출량(g/km)	가격
아반테 1.6 하이브리드	현대	LPG+배터리	1600	무단변속기	17.8	99	2054만~2324만 원
포르테 하이브리드	기아	LPG+배터리	1600	무단변속기	17.8	99	2054만~2324만 원
3세대 프리우스	도요타	가솔린+배터리	1800	무단변속기	38 (일본기준)	89	최저 205만 엔
렉서스 RX450h	도요타	가솔린+배터리	3500	무단변속기	16.4	142	8990만 원
시빅 하이브리드	혼다	가솔린+배터리	1300	무단변속기	23.2	101	3900만 원
벤츠 S400 하이브리드	벤츠	가솔린+배터리	3500	무단변속기	12.6 (유럽기준)	186	1억 5000만 원 안팎

만, 그들이 따라잡을 수 없을 정도의 고품질 제품을 만들면 앞으로도 국제 경쟁에서 이길 수 있다. 대표적인 것이 하이브리드카와 연료전지차*다.

*** 친환경 자동차**_대표적인 환경 대응 차량으로 꼽을 수 있는 하이브리드카는 기존 가솔린 엔진과 전기 모터를 동시에 사용하는 구조로, 연료비와 유해가스 배출량을 대폭 줄일 수 있다. 도요타자동차는 1970년대의 오일 쇼크 무렵부터 친환경 차량에 대한 연구를 계속해 왔으며 1997년 하이브리드카 '프리우스'의 개발·판매에 성공했다. 2008년 4월까지 '프리우스'는 100만 대 이상 판매되어 약 450만 톤에 달하는 이산화탄소 배출 억제 효과를 거뒀다고 한다.
연료전지차는 수소를 산소와 반응시켜 전기를 생성하는 연료전지를 동력원으로 하는 자동차다. 2002년 7월 일본의 혼다자동차가 미국 캘리포니아 주에서 세계 최초로 판매 인가를 얻어 상용화에 성공했다. 엔진이 없기 때문에 유해가스가 전혀 배출되지 않는 친환경 자동차이며, 구조가 간단해서 금후 아주 낮은 가격에 대량 보급이 가능한 장점이 있다. 그러나 폭발성이 강한 수소 자체의 위험성도 거론된다.
한국은 2003년 8월 미래형 자동차와 차세대 전지를 포함한 '10대 차세대 성장동력산업'이 발표된 후부터 친환경 자동차의 개발이 본격적으로 추진

지구환경의 급격한 악화로 환경을 지키는 자동차야말로 시장이 원하는 상품이 되었다.

개발도상국의 공세로 완전히 침몰한 것처럼 보였던 철강 산업도 한숨을 돌렸다. 압력을 가해도 금이 가지 않고 도장하기도 쉬운 자동차 차체용 철판 등 고급품을 만드는 노하우를 살린 것이다. 최근 들어서는 지금까지 다른 선진국의 뒤꽁무니만 바라보던 분야로도 과감히 도전하는 조짐이 나타난다. 현재 진행 중인 '국산 제트여객기 프로젝트*'가 그 좋은 사례다. 그간 별로 주목받지 못한 신인 선수가 기회를 얻어 대활약을 하는 그런 기대도 해본다.

농업에서 제조업으로, 제조업에서 서비스업으로, 산업의 구조는 계속 변화한다. 경제의 글로벌화는 끊임없이 국제적인 분업을 촉진하므로 결국 개발도상국에 바통을 넘기지 않으면 안 될 분야도 나올 것이다. 요컨대 높은 부가가치를 창출하는 산업이 살아남는다. 그 주역은 자유롭게 경쟁

되었다. 최근에는 현대자동차가 2009년 하반기부터 하이브리드카의 본격적인 양산에 돌입할 것이라고 한다. 그러나 아직은 엔진과 모터를 각기 단독으로 가동할 수 없다는 기술상의 한계가 지적된다.
* 민간 제트여객기 프로젝트_2차 세계대전까지만 해도 일본은 상당한 수준의 항공기 제조기술을 보유했다. 하지만 전쟁에 패하고 연합국 측이 전투기 제조를 우려하여 개발금지령을 내린 후로는 직접적인 개발이 불가능하게 되었다. 그 후 1952년 샌프란시스코강화조약으로 금지령의 일부가, 1957년에는 금지령 자체가 해제되었다.
항공기 산업은 정부가 정한 국가기간산업에 속하지 않으므로 정부 지원이 거의 없다. 그런 가운데 전쟁 시기부터 전투기를 제작하던 미쓰비시(三菱) 중공업은 전후 최초로 1962년 국내 운항용의 소형 프로펠러 여객기 YS-11을 개발할 수 있었다. 그리고 2007년 6월에는 탑승인원 70~90명 정도의 소형 제트 여객기로 예상 가격이 30~40억 엔인 MRJ(Mitsubishi Regional Jet)의 개발계획을 발표했다.

할 수 있는 '민간 플레이어'이고, 시장의 지지를 얻은 선수가 스탠드의 관중으로부터도 갈채를 받을 수 있다. 정부는 공정한 경쟁을 위한 룰과 환경을 정비하고 교육 및 연구개발을 지원하는 것만으로 역할을 한정해야 한다. 야구에서도 감독과 코치가 함부로 벤치를 뛰쳐나오면 관객은 흥이 깨지기 마련이다.

성장과 분배와 복지

경제의 글로벌화와 인구감소라는 현실 속에서, 아사히는 희망사회의 경제기반으로 ① 민간 주도의 복지 및 서비스산업, ② 해외 투자의 수익률 향상을 위한 금융업, ③ 첨단 고급기술의 제조업, 이 세 분야를 집중적으로 육성하여 개발도상국의 거센 추격을 뿌리칠 수 있는 A급 산업력을 유지하자고 제언한다.

복지 분야를 중핵으로 한 서비스산업을 민간의 힘으로 효율화시키면 복지의 질적인 개선뿐만 아니라 고용 창출 효과도 기대할 수 있다. 이미 해외 투자 수익이 무역흑자를 상회하는 현실에서 금융기술을 고도화하면 신흥국의 추격으로 장차 무역흑자가 줄더라도 그리 걱정할 필요가 없다. 첨단 제조업은 일본이 예전부터 강세며 앞으로도 주력 분야다.

주의를 요하는 것은 금융업 쪽이다. 아사히는 일본의 금융시장을 영미처럼 개방하여 외국 자본의 자유로운 진출입을 허용하자고 한다. 그리고 민간이 모든 것을 주도하고 정부에 대해서는 그냥 측면 지원만 하도록 요구했다. 이 제언이 나온 것은 2007년 12월로, 아직 미국의 신자유주의 금융이 글로벌 경제위기를 초래하리라고는 누구도 예상 못한 시점이다.

그 후의 사태는 우리가 익히 아는 대로 국경이란 방화벽이 무너진 금융자유화로 인해 세계가 일거에 최악의 경제난으로 빠져들었다. 지금은 시장의 무한 경쟁을 숭배하는 영미식 자본주의의 위험성을 모두가 인정한다. 국가의 시장경제에 대한 통제력을 중시한 케인스 경제학이 재조명되며, 정부의 강력한 분배 및 조정 기능과 평등한 교육 시스템을 특징으로 하는 '노르딕(북유럽형 시장경제·사회주의 혼합경제) 모델'이 새롭게 각광받고 있다.

한국도 2003년 8월 노무현 정부가 디지털 TV·방송, 미래형 로봇과 자동차, 바이오 신약 등 '10대 차세대 성장동력산업'을 확정한 적이 있으며, 2009년 1월에는 이명박 정부가 신성장동력으로서 재생에너지 산업을 포함한 '녹색뉴딜사업'을 발표했다. 물론 국가 간 경쟁을 극복하기 위한 새로운 산업의 육성은 대단히 중요한 일이다. 그러나 파이를 아무리 키워도 기득권을 가진 세력은 절대로 그냥은 나눠주지 않는다. 성장과 분배와 복지를 어떻게든 제도적으로 연계시키고자 하는 아사히의 지향이 한국 정치에 시사하는 바는 크다.

산업도 인재도 네트워크형으로

❖ 독보적인 기술을 융합하여 국제 경쟁을 극복하자.

❖ 장기 고용을 통해 사원의 가능성을 이끌어내자.

"선진국을 따라잡고 추월하자"*는 국가적 슬로건을 바탕으로 산업 발전

에 매진한 것이 경제대국 일본을 만들었다. 그동안 일본은 도시의 대기업

에서 지방의 중소기업으로, 하청회사에서 재하청 회사로 이어지는 피라미

---

* **"선진국을 따라잡고 추월하자"**_ 1960년대와 70년대, 일본의 국가 목표는
경제력에서 구미 선진국을 따라잡고 추월하는 것이었다. 선진국의 원천기
술을 적극적으로 수용하여 제품화하고 상대적으로 싼 인건비와 저환율을
무기로 대량 생산과 수출에 성공한 일본은 1980년대 미국의 뒤를 잇는 강력
한 경제대국으로 성장함으로써 일단 목표를 달성했다.
그러나 기업은 무역흑자를 주체 못할 정도지만 일반 국민의 생활은 구미에
비해 질적으로 현저히 낮다는 인식이 정착하고 뒤이은 '거품경제'의 붕괴
를 겪으면서, 1990년대 일본은 사회 전체가 짙은 상실감과 무력감에 휩싸
였다. 이런 현상이 미래에 대한 개인의 불안을 더욱 심화시켜 내수가 위축
되고 불황이 장기화되는 요인으로 작용했다.

드형 산업구조를 통해 싸고 질 좋은 제품을 세계로 수출했다. 하지만 더 이상 이런 시스템이 통하지 않는 시대가 되었다. 신흥국의 맹렬한 추격을 받아서 공장이 잇달아 해외로 이전했고, 그와 동시에 정보기술(IT)의 엄청난 파도가 세계를 덮쳤기 때문이다.

제 기능을 못하게 된 피라미드형 산업구조를 무엇으로 대신할 수 있을까? 그것은 전문적인 기술과 노하우를 보유한 기업들이 그물망처럼 연결되는 '네트워크형 산업구조'가 아닐까? 전체 고용인구의 70%를 차지하는 중소기업이야말로 그 주역이라 부를 만하다. 대기업의 단순한 하청에서 벗어나 독자적인 기술을 정상까지 끌어올린 중소기업에는 전 세계로부터 주문이 몰린다.

도쿄 스기나미杉並역 앞 번화가에 본사를 둔 네모토根本특수화학은 원래 야광도료를 생산해서 시계 숫자판에 칠하는 하청공장이었다. 거래처의 해외 이전이나 도료에서 방출되는 방사선 문제 등으로 몇 번이고 벼랑 끝에 몰렸다. 하지만 그때마다 지혜를 짜낸 끝에, 기존에 비해 10배나 오래가며 방사선이 전혀 발생되지 않는 야광도료를 독자적으로 개발했다. 지금은 세계 야광도료 생산의 80%를 장악하고 있다. 이와 같이 기술을 최정상까지 끌어올리면 자연스레 네트워크가 넓어진다. 네모토사는 TV 등의 슬림형 화면에 사용하는 형광제도 개발하여 전기업계까지 고객으로 끌어들였다. 또 방사선을 관리하는 노하우를 살려 방사선 물질을 사용하는 동물실험을 대형 제약회사로부터 위탁받는 사업에도 진출했다.

교토시京都市 근처에는 닌텐도任天堂나 교세라처럼 독특한 개성을 가진 하이테크 기업의 본사들이 모여 있다. 덕분에 그 주변에는 고도의 기술이

(출처: 우지시 홈페이지)

필요한 부품과 서비스를 공급하는 중소기업군이 함께 성장한다. 하지만 과거와 같이 양자가 상하적인 지배와 예속 관계로 맺어진 것은 아니다. 상호 간에 개발 의욕에 대한 자극을 주고받으면서 서로의 독창적인 기술력을 활용하여 국내 전 지역과 세계를 향해 거래처를 촘촘한 그물망처럼 넓혀 간다. 이런 기업군을 전국 각지로 전개해서 '21세기형 산업구조'를 만들었으면 한다.

그 중심에 있는 것이 바로 '사람'이다. 앞에서 본 네모토특수화학은 기존 직원들의 아이디어를 중시하는 동시에 대기업을 중도 퇴직한 기술자를 적극적으로 채용하여 새로운 분야를 개척해 왔다. 사람의 힘이 중요한 것은 첨단 분야만이 아니다. 기업의 경쟁력을 지탱하는 것은 결국 사원 한 사람 한 사람이므로 그들의 일에 대한 능력을 높여야 한다.

이와테현 기타카미시北上市는 고도성장기에 많은 공장을 유치하는 실적을 올렸다. 그러나 1980년대 중반 이후의 급격한 엔화 절상 등으로 일거리를 외국에 빼앗겼다. 이 씁쓸한 경험을 통해 기타카미시는 '산업공동화의 영향을 받지 않는 기업을 유치하기 위해서는 인재 육성이 최우선'이라는 방침을 세웠다.* 컴퓨터를 이용하여 3차원 설계까지 가능한 인재를 육성하기 시작했다. 자동차 생산을 비롯한 제조업계는 3차원 설계를 할 수 있는 기술자가 턱없이 부족한 상태다. 게다가 이런 일이라면 기술적인 기밀을 유지하기 위해서라도 공장이 해외로 빠져나가기는 어려울 것이다. 기타카미시는 지역의 기존 직업훈련학교, 대학과 연계하여 학생과 젊은이들을 교육하고 있으며 장차 '지역산업'으로 키워갈 계획이다.

그렇다면 사원의 힘을 충분히 이끌어내기 위해서는 어떻게 하면 좋을까? 힌트가 될 만한 좋은 사례가 있다. 오랜 전통을 자랑하는 비철금속기업 도와DOWA홀딩스(구 도와광업)는 도쿄역 근처에 있던 낡은 빌딩에서 뛰쳐나와

*** 기타카미시의 공업진흥계획**_기타카미시는 2009년 현재 인구 약 9만 3600명의 지방 소도시다. 이미 1960년대부터 공업진흥에 비중을 둔 정책을 펼쳤다. 그러나 1980년대 이후의 엔화 가치 급상승과 '거품경제' 붕괴 등으로 지역 경기는 장기 침체 상태에 빠졌으며, 그 대책으로 2003년 '기타카미시 공업진흥계획'이 수립되었다. 하청에 만족하던 기존 형태에서 벗어나 자체 기술력을 확보하고자 인재 육성을 지원하는 시설을 마련했고, 어느 정도 기술 기반이 마련되자 기업들이 돌아오기 시작했다. 현재는 이와테현 내에서 유일하게 인구가 느는 곳이 되었다. 거대 전자메이커인 도시바(東芝)도 최근 기타카미시에 새 공장을 건설하여 2010년부터 가동할 계획을 발표했다.

아키하바라秋葉原의 전자상가가 내려다보이는 고층 빌딩으로 회사를 이전했다. 새 사무실은 남북으로 140m나 되는 한 층을 완전히 터놓고 약 400명이 일한다. 프리 어드레스 제도*를 도입했기 때문에 매일, 누가, 어떤 자리에 앉든 자유다. 안건이 생기면 담당자를 포함하여 법무와 기술 관계자 등이 한 데 모여서 해결한다. 이런 작업 방식이 완전히 정착됐다.

부서마다 작은 방으로 나눠져 있을 때는 공간을 격리하는 벽이 그대로 마음의 벽이 되어 사원들은 자신의 일에만 틀어박혔다. 하지만 지금처럼 필요에 따라 부서를 초월하여 상호 협력하면서, 그동안 감춰졌던 능력을 발휘할 수 있게 되었다. 이런 식으로 산업이 네트워크형이 되면 작업 방식도 그물망처럼 연결될 필요가 있다.

'거품경제'가 붕괴된 후, 기업은 불황에서 탈출하기 위해 필사적으로 구조조정을 단행했다. 그 대상이 된 것은 '사람'이다. 신규 졸업자의 채용을 줄이고 인재 파견이나 용역**에 대한 의존도를 높여 업무를 최대한 외부로

---

* **프리 어드레스(Free Address) 제도**_도서관의 열람실처럼 사원이 각자 정해진 사무공간을 갖지 않는 오피스 스타일을 말한다. 대형 사무실을 개방하고 좌석을 공유하는 방식은 1987년 일본 시미즈(淸水)건설기술연구소에서 세계 최초로 도입했다. 원래는 구미에 비해 상대적으로 좁은 1인당 사무공간을 극복하기 위해 시도했으나 최근에는 작업능률 향상을 목적으로 IT 기업, 컨설팅 기업, 통신업체 등으로 확산되고 있다. 한국의 경우, LG CNS·IBM·썬마이크로시스템즈 등에서 시행 중이며 도입을 검토하는 기업도 다수 있다고 한다.

** **인재 파견과 용역**_기업 업무의 일부 혹은 상당 부분을 외부 인력을 활용하여 수행하는 아웃소싱의 일종이다. 일본에서는 '거품경제' 붕괴 이후 주로 고이즈미 정권하에서 고용의 유연성 제고와 경비 절감, 전문가의 용이한 확보라는 매력을 가진 파견과 용역을 국가적으로 장려한 시기가 있었다. 하지만 이들은 대개 열악한 노동조건을 감수할 수밖에 없는 비정규직이어서 '일하는 빈곤층(working poor)'을 양산하고 '격차 사회'를 심화시키는 요인이 되고 말았다.

맡겼다. 회사 내에서는 성과주의를 도입하여 특히 중견 사원들의 급료를 억제했다. 그 결과 가차 없는 인건비 삭감이 성공하여 기업들은 되살아났다. 하지만 후유증도 크다. 인재의 힘에 승부를 걸어야 할 지금, 인재의 질 저하 현상이 나타난 것이다. 업무의 노하우를 후배에게 전수하고 육성하는 시스템이 제 기능을 못 하게 되었고 일에 대한 의욕도 저하되었다. 인재를 키우고 사원의 능력을 충분히 이끌어내기 위해서는 보다 긴 안목으로 고용을 보지 않으면 안 된다.

최근 들어 경기가 회복되고 일손이 조금씩 부족해지자 기존의 구조조정 노선에서 방향 전환을 꾀하는 회사도 나오기 시작했다. 의류 대기업 월드는 직영점의 파트타이머나 아르바이트 직원을 판매 담당 계열사의 정사원으로 승격시켰다. 고객을 직접 상대하며 고객의 의견을 회사에 전하는 중간 통로 역할을 하는 직원이 장래에 대해 불안감을 가져서는 능력을 온전히 발휘할 수 없기 때문이다.

성과주의식 임금제도를 보완하여 중간관리자의 역할을 재평가하려는 움직임도 보인다. 하지만 그렇다고 해서 과거의 종신고용과 연공서열로 그냥 되돌아가는 것이 해결책은 아닐 것이다. 이직하기 쉬운 유동적인 고용 환경은 사원의 의욕 향상에도 네트워크형 산업구조를 위해서도 적합하다. 제각각의 기업문화에 알맞은 방식으로 장기적이고 안정된 고용 관행을 새로이 만들어 가는 것이 중요하다. 다음 호에서는 고용의 문제점에 대해 생각해보기로 하자.

네트워크형 산업구조와 고용 문제

일본의 수도 도쿄의 마루노우치(丸の内)에는 거대 기업들과 금융회사의 본사가 즐비하다. 도쿄가 일본의 고도경제성장을 주도한 피라미드형 기업의 본산이라면, 교토는 아사히가 제창하는 네트워크형 기업의 새로운 거점이라 해도 손색이 없다.

휴대전화의 핵심 부품에서 독보적인 기술력을 자랑하는 무라타(村田)제작소, 화투에서 시작하여 세계적인 게임 전문 기업으로 거듭난 닌텐도, 2002년 평사원이자 학부 출신인 다나카 고이치(田中耕一)가 노벨 화학상을 수상한 정밀기기 업체 시마즈(島津)제작소, 정보·통신기기의 교세라 등등 중앙의 통제를 최소화하고 세분화된 수많은 단위 부서와 지역 내 하청기업의 자율권을 최대한 보장하여 이들의 상호 대등한 연계를 통해 최첨단 제품을 세계로 수출하는 교토의 네트워크형 기업들은 한국을 비롯한 해외로부터도 주목받고 있다.

아사히는 일본의 고도성장을 이끈 제조업 중심의 피라미드형 산업구조는 이미 IT산업이 주도하는 현실과 맞지 않으므로, 고도의 기술력을 토대로 국제적인 경쟁력을 갖춘 중소기업들이 그물눈처럼 연결되는 네트워크형 산업구조가 그 대안이라고 주장한다. 또한 고용시장의 유연성을 유지하면서도 한편으로는 기업의 경쟁력을 뒷받침할 인재 육성을 위해 장기 고용 방식을 모색하도록 제언한다.

하지만 생산과 고용과 소득 분배를 연결짓는 자본주의적 기본 질서는 이미 많이 허물어졌다. 생산 현장에 컴퓨터와 산업용 로봇이 대거 도입되면서, 경기와는 무관하게 기술이 발전할수록 실업자가 계속 늘어날 수밖에 없는 상황이 도래했다. 과연 아사히의 논조처럼 첨단 기술을 보유한 중소기업군이 어느 정도 고용을 흡수할 수 있을지 주목할 필요가 있다.

한국에서도 중소기업의 경쟁력 강화를 위해 협업에 기초한 네트워크형 산업 구조를 전개해야 한다는 주장이 제기되었다. 제품의 기획 단계에서부터 디자인·부품 생산·조립·광고·유통 등의 분야에 전문성을 가진 복수의 회사가 상호 협력하는 시스템을 만들자는 것이다. 단, 이런 소프트한 횡적관계가 중시되는 구조일수록 정부나 관료가 주도하는 일은 피해야 한다. 기업이 주체가 되어 생존을 위한 노력을 경주하고, 자치체와 대학은 서로 긴밀히 연계하여 정보와 인재를 지역의 기업에 제공하도록 역할을 분담하는 것이 바람직하다.

직장도, 생활도, 육아 문제도 함께 풀기 위해

❖ 잔업에 시달리는 남성들에게 여유와 지혜를 선물하자.

❖ 비정규직도 차별 없이 자립할 수 있는 사회를 만들자.

'사람'을 중히 여기는 새로운 형태의 장기적, 안정적인 고용이 희망사회를 위한 경제적 토대다. 지난 호에서는 이 점을 강조했다. 근로자 한 사람 한 사람이 장래에 대한 희망을 가질 수 있으며, 자신의 능력을 창의적으로 발휘하고, 나아가서 일에 대한 보람도 느낀다. 그 결과로써 기업이 발전하고 경제가 성장한다. 이것이 우리가 그리는 희망사회의 모습이다.

거기서 한 걸음 더 다가가기 위해 우선 일과 가정생활이 양립할 수는 없을까? 저출산이 급속히 진행되고 있지만 한편으로는 일만 계속할 수 있으면 아이를 갖고 싶다는 여성들도 많다. 아이를 낳기도 쉽고 기르기도 쉬운 노동환경을 만드는 것이 저출산 대책의 출발점일 것이다.

일본 최대의 화장품 업체인 시세이도資生堂를 통해 우리가 원하는 미래 상의 한 단면을 잠시 들여다보자. 시세이도는 여성 사원이 남성 사원보다 많다. 20년 전부터 플렉스타임제flextime system와 육아휴가제도를 도입해서 여성이 출산·육아 때문에 일을 그만두지 않아도 되는 방법을 고심했다.[*] 그러한 노력의 결과, 출산·육아로 인해 퇴직하는 여성이 눈에 띄게 줄었다. 근무 중인 사원들의 평균 근속년수는 남성이 19.2년, 여성이 17.6년으로 남녀가 거의 비슷한 정도다.

현재는 "워크 라이프 밸런스Work Life Balance"라 하여 업무와 생활의 조화에 힘쓰고 있다. 이를 위해 시세이도가 중점 과제로 삼은 것은 남성 정사원들의 지나치게 긴 노동시간을 어떻게 하면 줄일까 하는 문제다. 남편이 과도한 업무 때문에 가사와 육아를 분담하기 어려우면 아내는 일을 계속하기 힘들고, 직장생활을 계속하기 위해 아예 출산 자체를 단념할지도 모른다. 하지만 일과 가정생활의 균형이 잡힌 근로방식이 가능하다면 남녀 모두 얻을 것이 많다.

"일에만 매이면 생활인의 감각을 잃고 소비자의 기분도 모르게 되므로 회사로서 큰 손실이다. 게다가 젊은 사원들은 그런 방식에 더 이상 매력을

---

[*] 시세이도의 차일드케어 플랜(childcare plan)_시세이도는 1872년 설립된 화장품 회사로 현재 매출액과 점유율에서 일본 내 1위, 세계 5위를 차지하고 있다. 사원의 70%가 여성이므로 일찍부터 일과 생활의 조화를 위해 노력했다. 그 결과 고안된 시스템이 본문에 나오는 플렉스타임제와 육아휴가제도를 포함한 차일드케어 플랜이다. 전자는 사원 스스로 원하는 시간을 정해 근무하는 것으로 지금은 많은 회사에서 보편적으로 채용하고 있다. 주목할 것은 육아휴가제도 쪽이다. 이는 육아휴가 후, 보다 쉽게 직장에 복귀할 수 있도록 인터넷 메일을 통해 수시로 회사 사정과 개인적인 능력 개발 등을 위한 정보를 휴가자에게 제공하는 제도다. 이는 육아휴가를 받은 남성 사원들에게도 똑같이 적용된다.

못 느낀다"라고 시세이도의 인사부 차장 야마기와 기요코山際淸子 씨는 말한다.

혹자는 시세이도 같이 우수한 대기업이니까 그럴 수도 있다고 생각할지도 모른다. 하지만 지방 중소기업 중에도 '단시간 노동'으로 좋은 실적을 거두는 회사가 있다. 기후현岐阜県 남부의 나가라가와長良川강을 낀 곳에 위치한 전기설비기기 제조업체 미라이공업*이 그 좋은 예다. 이곳은 상장기업으로서는 노동시간이 아마 일본에서 가장 짧을 것이다. 하루 7시간 15분 노동에, 연간 휴일은 140일. 잔업도 판매 할당량도 없으며, 70세 정년의 종신고용제를 채용하고 있다. 그럼에도 급료는 현청 공무원과 비슷하게 높은 수준이다.

각지에서 이 회사를 견학 온 경영자들은 '이렇게 했다가는 바로 도산한다'며 한결같이 탄식을 금치 못하지만, 실은 그 짧은 근로시간과 긴 휴식이 주는 '여유' 속에 성공 비결이 숨겨 있다. 회사 곳곳에는 "늘 생각한다"라는 벽보가 보인다. 5년에 한번은 1억 엔을 들여 해외로 사원 여행을 보내서 감성을 자극한다. 결국 여유로운 근로 방식이 품질 개량을 위한 아이디어

---

* **미라이공업(未来工業)**_사원제일주의와 검약정신을 바탕으로 하는 기업이다. 인사방식도 아주 독특하다. 사원의 이름을 적은 종이를 선풍기로 날려 멀리 나간 순으로 승진하거나, 각 면에 사원들의 이름을 적은 육각 연필을 굴려 승진자를 결정한다. 비정규직이나 명예퇴직은 아예 없다. 사원들에게 업무 및 신제품에 대한 아이디어를 매년 1만 건 정도 제안을 받으며, 그중 몇 가지는 실제 업무에 적용하거나 상품화한다. 2009년 현재 특허·실용신안 등의 출원은 약 6500여 건에 달하고 일본에서 가장 성공한 중소기업으로 평가받는다.
미라이공업을 이끈 야마다 아키오(山田昭男) 사장은 '유토피아 경영'이라 불리는 자신의 기업 운영 방법을 책으로도 출판했다. 『야마다 사장, 샐러리맨의 천국을 만들다(楽して, 儲ける!)』, 21세기북스, 2007년.

| CD관 · PF관

빌딩 · 가옥 안에서 전등의 배선 등으로 사용.
자유자재로 휘어지는 〈전선관〉이 특징이다.
스위치 박스에 접속하여 여러 개의 전선관을
연결시키는 장치로 의장권을 취득하였다.

| 스위치 박스관

건물 안에 배선되어 있는 케이블 사이의 접속부를
보호한다. 스위치 박스를 콘크리트 벽 안에 있는
철강을 이용하여 지지하는 방법으로 특허를 취득
하였다.

미라이공업이 보유한 특허 제품의 예 (출처: 일본 특허청)

를 낳는 것이다.

예를 들어 어떤 방이든 벽에는 전등 스위치가 있다. 미라이공업은 스위치 안쪽의 배선박스를 시공하기 쉬운 형태로 만드는 등 단 하나의 제품에 11가지 특허를 담았다. 제품의 기술적인 독창성을 추구하는 반면에, 무리하게 가격을 인하하지 않고 적당한 이익을 확보하면서 판다. 그런 선순환을 창업 후 40년 이상이나 지속해 왔다. 현재의 일반적인 기준에서 보면 너무 높고 멀지 모르겠지만 우리는 이와 같은 노동환경을 목표로 삼고자 한다.

'잔업을 줄이고 싶다'고 생각하는 기업은 많다. 그러나 기업은 서로 경쟁하고 있으며, 치열한 경쟁 속에서 잔업을 줄이기 위해서는 조직의 풍토나 업무방식을 전면적으로 개혁하지 않으면 안 된다. 바로 이 점이 잔업 감축을 가로막는 큰 벽이다.

그래서 극단적인 장시간 노동에 규제를 가함으로써 기업을 부추기고 독려하는 것도 하나의 방안일 듯하다. 유럽연합(EU)은 하루 11시간 이상의 연속 휴식을 의무화했다. 잔업을 포함해도 13시간 이상은 일할 수 없다.* 일본의 경우도 잔업을 줄이기 위해 임금할증률을 인상하자는 법안**이 국회에 상정된 상태다. 잔업 감축을 위해서는 하루빨리 법안이 통과되어야만 할 것이다.

남성 정규직 사원들의 노동시간이 비정상적으로 길어진 결과, 과로사나 자살까지 발생하고 있다. 다른 한편에서는 파트타임·인재파견 등의 단기 고용이 큰 폭으로 늘어나 노동시간의 양극화가 진행 중이다. 동전의 양면과도 같은 이 두 가지 현상은 모두 기업 구조개혁의 일환으로 추진된 인건비 삭감이 낳은 폐해라 할 수 있다.

기업의 입장에서 보면 정사원은 장시간 노동에 군말 없이 따라주는, 입맛에 딱 맞는 존재다. 하지만 정사원의 잔업을 줄이면 활용도 면에서 비정규직과 비슷해진다. 그에 따라 결과적으로 정규직과 비정규직의 근로방식이나 대우에 대한 격차가 줄어드는 일도 기대해 볼 만하다. 물론 양자

* **유럽연합의 노동시간**_유럽연합(EU) 가입국의 의무적인 법제화 최저 기준을 규정한 'EU 지령'은 "하루 최저 11시간 연속휴식"을 포함해 주당 최대 노동시간을 48시간으로 한정하고, 연간 최저 24일의 유급휴가를 인정했다. 2007년 BBC 방송은 'EU 지령'의 법제화에 따라 유럽의 보통 시민이 향유하게 된 10가지 혜택 중 하나로 이 노동시간을 꼽았다.
** **일본의 임금할증률 인상 법안**_2007년 3월 일본 정부가 국회에 제출한 '노동기준법 개정안'에는 월 80시간을 초과하는 잔업에 대해 임금의 50%를 할증한다는 내용이 첨부되었다. 하지만 월 80시간 잔업이면 과로사에 해당하는 시간대이므로 장시간 노동을 근절하기엔 불충분하다는 지적이 많았다. 이에 2008년 6월 연립 여당인 자민당과 공명당은 이 안을 '월 60시간 초과시'로 수정하기로 합의했다. 그러나 이 개정안에 대해서도 적용 범위라든지 처벌 조항의 부재 등을 문제 삼는 이들이 여전히 많다.

의 격차를 줄이기 위해서는 노동조건에 대한 규제를 재정비할 필요가 있다. '거품경제'로 인한 불황에서 탈출하기 위해 기존의 각종 규제를 벌레먹듯이 조금씩 완화해 준 결과, 인재파견이나 용역 등 불안정한 근로방식이 마구잡이로 늘어났기 때문이다.

이렇게 해서 격차가 줄어들면 머지않아 '동일 노동에 동일 임금'이라는 사회적 목표에 가까워질 수 있다. 그러면 각자가 생활형편에 맞춰 정규직이든 파트타이머든 취업의 방식을 선택하기도 한결 쉬워진다. 같은 기업에 근무하는 정사원이라도 업무와 직종에 따라 급여체계가 다를 수도 있을 것이다. 그런 과정에서 전보다 못한 대우를 받는 사람이 생길지도 모른다. 그러나 비정규직을 늘여 온 덕택에 정규직 사원의 급료를 유지할 수 있었던 저간의 사정을 감안하면 어느 정도의 불이익은 감수해야 하지 않을까?

이러한 개혁이 실현되면 근로방식이 더욱더 자유롭고 다양해질 것이다. 그때 놓쳐서는 안 될 중요한 점이 급속한 기술 진보에 맞게 업무에 대한 능력을 향상시키는 일이다. 정사원에게는 당연히 회사가 사내 교육의 기회를 보장한다. 하지만 그렇지 못한 많은 사람들을 위해서 능력 개발과 직업훈련이 가능한 시스템을 전 사회적으로 정비해야 한다는 점을 잊어서는 안 된다.

남성 잔업의 감축으로 일과 가정의 양립을

기업 구조조정의 핵심으로 '유연한 고용'이 강조된 후, 회사는 기존 정규직 사원의 잔업에 의존하여 가급적 신규 채용을 억제하고, 그 빈틈을 비정규직을 늘려서 메워 왔다. 그러므로 정규직의 과도한 잔업과 비정규직의 증가는 동전의 양면과도 같은 문제다. 특히 남성 정사원의 장시간 잔업은 심각한 사회문제를 야기한다. 아사히는 기업과 정부가 앞장서서 그들의 잔업을 줄임으로써 가정도 살리고, 회사도 살리고, 나아가서 사회도 살리자고 제언한다.

일본 정부는 2003년 '차세대육성지원대책 추진법'을 제정하여 육아 휴가, 단시간 근무 등을 의무화했다. 그러나 현장의 실정은 이와는 다르다. 과거보다는 짧아졌지만 정사원의 노동시간은 연간 2000시간에 가깝고, 30대 남성의 5명 중 1명이 주 60시간 이상 일한다. 남성 잔업의 감축이 만병통치약일리야 없겠지만 과도한 잔업이 저출산과 사회 양극화 등에 결코 무시할 수 없는 악영향을 끼친다는 점은 분명한 사실이다.

가정의 경우, 6세 미만의 아이를 가진 남성이 가사·육아에 할애하는 평균 시간은 미국과 독일이 하루 3시간 이상이고 일본은 고작 1시간이다. 일본 후생노동성의 조사 결과로는 남편이 가사·육아에 참여하는 시간이 길수록 둘째 아이 출산 비율이 높아서, 8시간 이상을 돕는 가정은 0시간보다 출산율이 3배에 달한다. 또한 여성이 출산·육아 등으로 한 번 직장을 떠나면 좋은 조건으로 재취업하기가 현실적으로 극히 어렵다. 중도 퇴사로 인해 잃게 되는 생애 수익은 2억 엔 정도라고 하며 이것이 만혼·만산의 주요인이다.

핵가족 사회에서 남편의 가사 참여는 아내의 육체적, 정신적 부담을 덜어

준다. 남성 잔업의 감축은 출산율 제고를 위한 열쇠일 뿐만 아니라, 가계가 윤택해지는 계기가 될 수 있다.

불황에 허덕이는 기업에게 잔업 감축은 적지 않은 부담이다. 그러나 노동의 성과는 단순히 시간의 길이와 비례하지 않는다. 현대는 참신한 아이디어가 기업의 경쟁력을 좌우하며, 그것은 사원 개개인에게 시간적, 정신적 여유가 보장될 때 나온다. 닛폰생명이 설립한 닛세이기초연구소의 조사에 따르면, 일과 가정의 양립과 인재육성을 지원하는 기업은 그렇지 못한 기업에 비해 1인당 경상이익이 높다.

남편이 가사와 육아를 돕지 못해 우수한 여사원이 퇴직한다면 기업으로서도 사회적으로도 큰 손실이다. 게다가 저출산이 지속되면 사회 전체적으로 노동력이 부족해지고 결국 소비도 감소한다. 일과 가정의 양립을 지원하는 것은 장기적 안목에서 기업을 위해서도 도움이 된다. 그리고 정사원의 잔업을 줄이면 비정규직의 정규직 채용이 보다 용이해지고 사회적 격차 해소도 기대할 수 있다.

한국의 경우도 장시간 잔업은 경제발전을 이루는 중요한 토대였다. 그리고 현재도 2006년의 1인당 연간 노동시간은 2360시간으로, 1980년대의 80% 수준까지 감소하긴 했지만 여전히 길다. 그러나 노동생산성은 선진국에 비해 상당히 떨어진다. 크게는 저출산과 사회 양극화의 해결을 위해, 작게는 기업경영의 혁신과 부부 맞벌이에 의한 가계의 윤택을 위해, 우리 사회도 남성 정규직 사원의 잔업 감축을 진지하게 고려할 시점이 되었다.

"아폴로 13호"를 통해 일본의 교육을 반성한다

❖ 정답을 재촉하거나 경쟁을 부추기지 말고 생각하는 힘을 기르자.
❖ 교육은 미래를 위한 투자다. 사회가 합심하여 지력의 저하를 막자.

이 나라의 바람직한 미래상을 그려보자. 그런 생각으로 작년(2007) 가을부터 이 사설 시리즈를 연재해 왔다. 금년은 교육 문제부터 시작하고 싶다. 사회의 풍요로움은 무엇으로 결정될까? 그 토대는 우리들 한 사람 한 사람이 가진 지知의 힘, 다시 말해 지력일 것이다. 일본인의 지력은 아직 쓸 만할까라고 생각했을 때, 먼저 머리를 스치는 것이 청소년의 학력위기다.

실화를 바탕으로 한 영화 "아폴로 13호"는 대개 이런 스토리다. 인류가 최초로 달 표면에 착륙한 그 이듬해인 1970년, 달을 향해 날아가던 아폴로 13호는 심각한 선체 고장에 직면한다. 많은 문제가 발생했지만 그중에서도 특히 탑승한 세 사람의 우주 비행사가 토해내는 이산화탄소를 어떻게 환기시킬지는 매뉴얼에서 전혀 예상치 못한 사태였다.

당황한 지상의 스태프들은 아폴로 13호와 똑같이 생긴 훈련용 우주선 안에서 쓸 만한 것들을 모두 긁어모았다. 우주비행사들의 호흡이 시시각각 한계점에 다다르던 순간, 수많은 시행착오 끝에 스태프들은 마침내 선내의 잡동사니를 이용

PISA 2006 분야별 일부 순위표		(기준: 원점수)
	수학적 소양	읽기 소양	과학적 소양

	수학적 소양	읽기 소양	과학적 소양
1	타이완	**한국**	핀란드
2	핀란드	핀란드	홍콩
3	홍콩, **한국**	홍콩	캐나다
4	-	캐나다	타이완
5	네덜란드	뉴질랜드	에스토니아
6	스위스	아이슬란드	**일본**
7	캐나다	오스트리아	뉴질랜드
8	마카오, 라히텐슈타인	리히텐슈타인	오스트리아
9	-	폴란드	네덜란드
10	**일본**	스웨덴	리히텐슈타인
11	뉴질랜드	네덜란드	**한국**
12	벨기에	벨기에	슬로베니아
13	호주	에스토니아	독일
14	에스토니아	스위스	영국
15	덴마크	**일본**	체코

하여 환기장치를 수작업으로 만드는 방법을 아폴로 13호에 전할 수 있었다. 결국 무사 귀환을 이뤄낸 것이다.

일본은 '미래형 학력 테스트'라고 불리는 '국제학습도달도 조사(PISA)'*

* **국제학습도달도 조사(PISA, Programme for International Student Assessment)_**
이는 OECD가 주관하는 학업성취도에 대한 국제 비교다. 만 15세의 학생을 평가 대상으로 하여 독해력·수학·과학적 소양 등을 측정하고, 그 배경 요인과의 관계를 분석하여 각국 교육시스템에 대한 정보를 제공하는 데 목적이 있다. 한국에서는 '학업성취도 국제비교연구'라는 명칭을 사용한다.
평가는 3년 주기로 이루어지는데 주기별로 2000년 독해력, 2003년 수학, 2006년에는 과학을 중심 영역으로 설정하여 심층적으로 분석했다. 일본은 매번 모든 영역에서 지속적인 하락세를 보여 청소년의 학력저하가 사회적 이슈가 되었다. 일본은 가장 최근의 'PISA 2006'에서는 총 56개 참가국 중에서 수학 10위, 독해력 15위, 과학 5위를 기록했다. 한국은 같은 2006년

에서 계속 낮은 평가를 받고 있다. 이는 지금 무엇을 알고 있는가가 아니라, 장래에 무엇을 할 수 있는가를 알기 위한 것이다. 조사를 맡은 경제협력개발기구(OECD)의 사무총장은 "기존 지식을 재현하는 학습만 고집하면 노동시장에서 필요로 하는 능력을 익힐 수 없다"고 일본에 경고했다. 예상치 못한 사태에 직면했을 때, 수많은 정보 가운데 무엇을 선택하여 어떻게 활용할 것인가? 아폴로 13호의 사례에서 우주비행사들이 목숨을 구할 수 있었던 것은 이 '미래형 학력'의 성과라고도 할 수 있다.

핀란드 청소년의 학력은 세계 최고 수준으로 평가된다. 쓰루都留 문과대학의 후쿠다 세이지福田誠治 교수는 핀란드 교육의 진수를 두 가지로 꼽았다.

첫째는 정답을 미리 가르쳐 주지 않는 것이다. 예를 들어 이과 수업의 경우는 무엇보다 실험을 중시한다. 우선 실험을 통해 다양한 현상을 관찰하고 저마다 가설을 세운다. 자신과 다른 의견에도 귀를 기울이고 한 번 더 생각해 본다. 교사가 이론을 설명하는 것은 제일 마지막이다. 정답을 먼저 가르쳐 주면 그 시점에서 학생들의 사고가 멈춰버리기 때문이다.

둘째는 다른 학생과 경쟁시키지 않는 것이다. 경쟁을 시키면 순위에만 관심을 쏟아서 스스로 생각하는 일에 흥미를 잃게 된다. 테스트는 각자가 스스로 부족한 점을 확인하고 그것을 보완하기 위한 것이다. 생각하는 힘이 배양되는 동시에 학력 격차가 작은 것은 이 두 가지 이념과 그 실천이 성과를 거뒀기 때문이라고 후쿠다 교수는 지적한다.

조사에서 수학 3위, 독해력 1위, 과학 10위로 거의 모든 분야에서 비교적 높은 성적을 거뒀다.

핀란드 교육제도

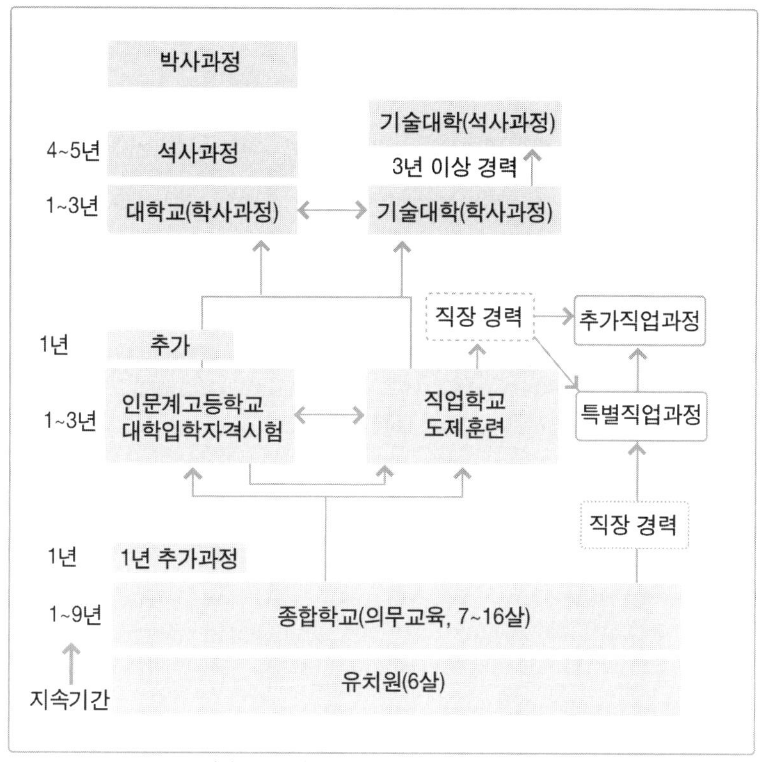

핀란드 교육제도는 재학기간, 인문계 · 직업계의 전환 등이 모두 유연하고
원하는 사람에게는 언제라도 학습 기회를 열어주는 특징을 갖고 있다.

일본 핀란드센터*의 헤이키 마기파Heikki Mäkipää 소장은 "경쟁을 시키

* 일본 핀란드센터_연구 · 고등교육 · 문화교류 등의 측면에서 일본과 핀란드
의 상호협력을 추진하는 기관이다. 연구자, 예술가, 미디어, 저널리스트에
게 필요한 정보를 제공하거나 관계 기관을 소개한다. 또 상대국으로 유학
을 희망하는 연구자나 학생을 대상으로 강좌 · 장학금 등의 정보를 제공하고
유학 상담도 해 준다. 일본 이외에 영국, 시리아, 독일에도 핀란드센터가
설치되어 있으며, 일본의 센터는 도쿄 미나토구(港区)의 핀란드 대사관
내에 있다.

고 순위를 매겨서 좋을 게 뭐가 있겠습니까?", "성적이 나쁜 아이는 점점 의욕을 잃고, 좋은 아이는 자신이 우수하다고 믿어버립니다. 어느 쪽이든 인생에 좋은 영향을 줄 리는 없겠죠"라고 한다.

일본은 어떨까? 학력위기는 청소년에게만 국한된 문제가 아니다. 대학생인데도 분수 계산을 못하는 학생이 있다. 결국 입시에서 좋은 성적을 얻기 위해 억지로 머릿속에 밀어 넣은 지식이기 때문이다. 발등에 떨어진 불만 꺼지면 금방 잊어버리는 게 당연하다.

학력 저하 문제는 PISA 조사에서 학습 의욕이 극히 낮게 나온 것과 밀접히 연관된다. 일본에서는 단순히 지식의 양으로 성적이나 입시의 합격 여부가 결정된다. 그런 빈약한 교육 현실에 학력위기의 핵심이 있는 것은 아닐까? 교실에서 배우는 것들을 실생활과 앞으로의 인생에 바로 응용하며, 그리고 무엇보다도 생각하는 일 자체를 즐길 수 있느냐 없느냐가 위기 극복의 갈림길이 될 것이다.

그렇다면 어떻게 해야 할까? 방법은 학력의 질을 전환하는 것이다. 생각하는 힘을 기르기 위해서는 지금의 수업을 바꾸지 않으면 안 된다. 수업을 바꾸려면 아이들의 '미래형 학력'을 키워 줄 수 있는 교사를 양성하는 일이 급선무다. 교과서 내용을 그저 달달 외우게만 하는 것과는 다르므로 우선 교사가 상당한 역량을 갖춰야 한다. 수업에 대한 충분한 준비도 필요하다.

핀란드에서 교사가 되기 위해서는 원칙적으로 석사 학위가 있어야 한다. 실습은 현장 중심의 실천을 중시하며, 또 수업에 전념할 수 있는 환경도 갖추어져 있다. 다량의 잡무에 시달리는 일본의 교사들에게는 별세계처럼 보일 것이다. 핀란드처럼 되기 위해서는 수업과 방과 후 활동의 역할 분담 같은 대담한 개혁을 단행할 수밖에 없다. 물론 의무교육 과정만으로는 완결되지 않는다. 고교 및 대학의 입시제도와 교과과정의 개혁도 불가결하다.

현대의 기업이 요구하는 인재는 머릿속에 교과서적인 지식만 가득 채운 젊은이가 아닐 것이다. 당연한 일이겠지만 위와 같은 개혁에는 상당한 재원이 필요하다. 하지만 정부도 기업도 이런 교육개혁이야말로 미래를 위한 가장 확실한 투자라고 생각할 수는 없을까?

교육이 국가의 미래를 결정한다는 것은 지난 역사가 이미 증명한 사실이다. 사회적으로 자립할 수 없는 청소년이 늘어나는 현실은 미래의 사회보장비에 어두운 그림자를 드리운다. 반대로 청소년들의 뛰어난 학력은 장차 경제력 증강에 공헌할 것이며, 정치와 행정의 질적 향상과도 결코 무관하지 않다.

애당초 OECD가 PISA 조사를 시작한 것은 세계가 글로벌화하는 가운데 풍요로움을 유지하기 위해서는 각국이 국민의 지력을 질적으로 향상시키는 일이 반드시 필요하다고 생각했기 때문이다. 세계적으로 일본 국민의 일인당 생산력이 하락하는 경향을 보이는 점은 PISA 조사의 결과와도 잘 들어맞는다. 이 나라의 지력 저하를 막고 다시 끌어올리기 위해 청소년들의 학력 전환을 그 출발점으로 삼자.

사회에 나가면 교실에서 배운 공식으로는 풀 수 없는 문제투성이다. 정답을 모르는 문제와 맞설 수 있는 힘을 기르는 일이야말로 미래 사회를 열어젖히는 교육의 역할일 것이다. 그 희망의 묘목을 튼실하게 키우고 싶다.

'미래형 학력'과 대학입시

'미래형 학력'이란, 가진 지식을 주변 여건에 맞게 응용하여 예기치 않게 당면한 문제를 해결해낼 수 있는 창조적이고 유연한 사고력이라고 정의할 수 있지 않을까?

아사히는 주로 PISA 조사의 결과에 의거하여 일본 청소년의 학력위기를 강조한다. 그리고 대안으로서 정답과 순위 경쟁보다는 '미래형 학력'을 중시하는 핀란드식 교육으로의 전환을 촉구한다. 또 이에 적합한 역량을 갖춘 새로운 유형의 교사 양성과 입시제도 및 교과과정 개혁에 정부와 기업이 발 벗고 나서야 하며, 그것이 미래를 위한 가장 확실한 투자임을 역설한다.

일본은 PISA 조사에서 전체적으로 상위권에 속한다. 게다가 일본보다 영역별 순위가 높은 국가들 중에 1억 이상의 거대한 인구를 가진 곳은 거의 없다. 핀란드는 총인구 약 530만 명에 불과한 인구 소국이므로, 현재와 같은 번영과 고복지를 유지하기 위해 인재육성에 국가의 총력을 기울이는 것은 당연한 선택이다. 규모와 처한 상황이 전혀 다른 핀란드를 일본의 교육 모델로 삼자는 아사히의 논리는 너무 단순하고 현실적으로 무리가 있어 보인다.

단, PISA 조사에서 '미래형 학력'과 직결되는 독해력 영역의 순위가 높지 않은 것은 일본으로서 분명히 우려할 만한 일이다. 패전 후 일본의 초·중등 교육은 문부과학성이 '학습지도요령'으로 교과과정의 세세한 부분까지 교육 내용을 구속함으로써 오로지 지식의 효율적인 전수만을 중시한 측면이 있다. 창조적인 사고력은 집단을 리드하는 몇 안 되는 소수자의 전유물이었다. 경제가 장기 호황을 누릴 때는 이런 단순주입식 교육이 별 문제가 되지 않았고, 고도성장에 오히려 효과적으로 작용하기도 했다. 불황이 장기화한 1990년대 이후, 일본 전체가 새로운 생존방식을 고민할 때 창의력 교육이 문제가 된 것이다.

일본은 '미래형 학력'을 위해 어떤 새로운 방법을 선택할 수 있을까? 2006년 12월 개정 반포된 '애국심'과 '공공도덕'의 회복을 기조로 한 신 '교육기본법'은 이런 점에서 명백히 시대착오적이다.

한국은 PISA 조사의 여러 영역에서 최상위권을 기록했다. 성격이 유사한 국제교육성취도평가협회(IEA)의 '수학·과학성취도 추이변화 국제비교연구(TIMSS)'에서도 50개 국가를 대상으로 한 2007년도 조사에서 수학 2위, 과학 4위라는 우수한 성적을 거두었다. 대단히 흐뭇하고 자랑스러운 일이다. 그러나 '학습의 즐거움'은 전체 평균치보다 훨씬 낮았으며, 일본도 비슷했다. 말할 필요도 없이 양국 다 입시를 위한 억지 공부가 주요인일 것이다.

한국의 경우, 현행 대학입시는 '미래형 학력' 배양에 가장 큰 장애물이다. 그 일차적인 책임은 "장래에 무엇을 할 수 있는가?"가 아니라 "지금 무엇을 알고 있는가?"를 평가하는 데 급급한 대학들에게 있다. 그중에서도 겉으로는 입시제도의 자율성을 강조하며 실제로는 순위 경쟁을 부추기는 'SKY'로 대표되는 세칭 명문 대학들의 책임이 크다. 또한 아무런 체계적 준비도 갖춰지지 않은 상태에서 그 해결책으로 입시사정관제의 전면 도입을 재촉하는 정부의 대학 행정도 불안하기 짝이 없다.

과학·기술의 종적 체계를 허물자

❖ 미래지향적인 연구 주제를 설정하자.

❖ 전문가가 아닌 사람들도 참여하는 '과학 아이디어 토론회'를 갖자.

'희망의 하이테크'란 무엇일까? 예컨대 고향에 계신 부모님의 건강에 이상이 생기면 자동으로 감지하여 알려 주는 휴대전화, 거동이 불편한 노인네의 배설물을 신속하고 깔끔하게 처리해 주는 기저귀 등등 그리 화려하진 않지만 일상의 안심과 쾌적함을 보장해 줄만한 신기술들일 것이다.

저출산·고령화라는 시대적 요구에 부응하는 기술은 새로운 산업으로도 이어질 수 있다. 2007년 12월 도요타자동차는 도쿄 임해 부도심*에서

---

* **도쿄 임해 부도심(副都心)**_1989년 수립된 '임해 부도심 개발기본계획'에 기초하여 도쿄만 매립지에 건설된 도쿄시의 일곱 번째 부도심이다. 기존 주요 도심지의 기능 분산을 위해 취업인구 9만 명, 상주인구 5만 명 유치를

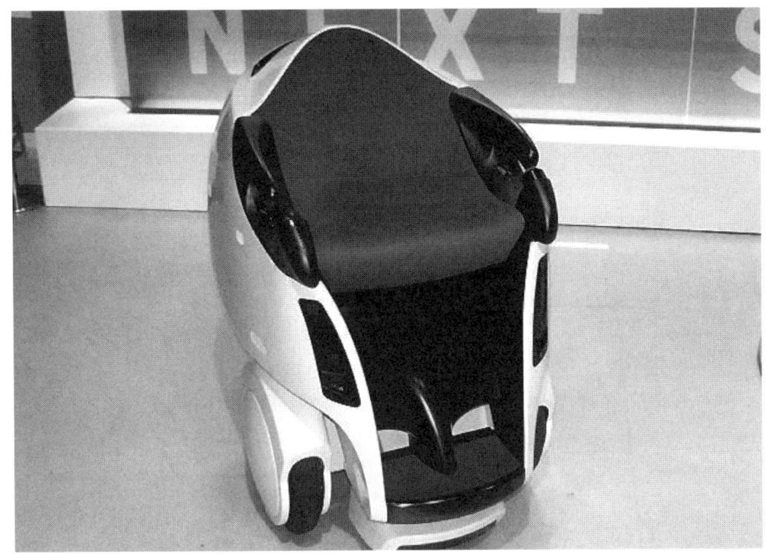

도요타에서 개발한 사람을 태우고 움직이는 로봇 (사진출처: http://response.jp)

사람을 태우고 움직이는 로봇을 공개했다. 이는 도요타가 그동안 자동차 조립에만 이용하던 로봇 기술을 앞으로는 복지와 노인 요양에도 활용하여, 생활지원형 로봇 제조를 미래의 중핵 사업으로 육성하겠다는 포부를 밝힌 기자회견장에서 선보인 것이다. 로봇은 길을 왕래하는 사람들을 피할 수 있는 인공지능 덕분에 노인들이 타고 거리를 산책하기에 안성맞춤이었다.

그러나 이러한 실용적인 하이테크의 발전을 위해서는 그것을 뒷받침

목표로 하며, 2009년 현재도 개발이 진행 중이다. 아오미(靑海)·아리아케(有明)·오다이바(御台場)의 3개 지구로 나눠진다. 그중에서도 후지TV 본사, 복합 쇼핑몰인 아쿠아시티, 해변 공원 등이 들어선 오다이바 지구와, 유럽풍 거리를 실내에 재현한 쇼핑몰 비너스포트로 유명한 아오미 지구가 중심이다. 관광지로서도 큰 인기를 끌고 있다.

하는 기초과학의 최신 성과가 반드시 필요하다는 점을 잊어서는 안 된다. 다른 많은 기업, 단체들과 마찬가지로 도요타자동차도 뇌 연구에 관심이 깊다. 2007년 11월부터는 이화학연구소(이하, '이연')와 공동으로 뇌 과학의 실용화를 위한 연구에 착수했다.* "인간에게 친숙한 기계를 만들기 위해서는 사람의 행동을 주관하는 뇌의 작용에 대해 알아야 한다." 즉, 상황을 순식간에 종합적으로 판단하여 반응하는 인간의 행동패턴을 로봇에 적용하겠다는 것이다.

뇌 연구는 현대 과학 중에서도 가장 다이내믹한 진화를 거듭하는 분야다. 예전에는 뇌 전문가라고 하면 의학자, 생리학자를 떠올리는 것이 보통이었다. 그러나 지금은 다르다. 이연의 뇌과학종합연구센터에서 리더 격 직책을 맡은 일본인 연구자 가운데는 공학계열 출신이 10% 정도이며 심지어 심리학 전공자도 있다. 센터장인 아마리 슌이치甘利俊一 씨 자신도 도쿄대 공학부에서 수리공학을 전공했다. 그가 뇌에 대해 깊이 관심을 가진 것은 1960년대부터였다. 이유는 "뇌 속의 '물질'이 아니라 거기서 오가는

---

* **이화학연구소(理化學硏究所)의 뇌 연구와 도요타자동차**_1917년 설립. 1920년대 후반부터 미쓰이(三井)·미쓰비시(三菱)·스미모토(住本) 등 당시 재벌들의 지원을 받아 이화학산업진흥회사를 만들고 전시의 군수품을 생산, 공급하며 산업 재벌로 성장했다. 패전 후는 일본을 점령통치한 연합국군 최고사령관 총사령부(GHQ)에 의해 연구소만 남기고 회사는 해체되었다.
2005년 8월부터 문부과학성 산하의 독립행정법인이 되면서, 자연과학 전반을 연구하는 일본 유일의 종합연구소로 재출발했다. 특히 20년 장기계획의 '뇌 과학 프로젝트'에 따라 뇌과학종합연구센터(BSI)를 설립한 후에는 일본 두뇌 과학의 중심에 서게 되었다. 2007년부터 도요타와 함께 '두뇌 과학과 기술의 접목'을 목표로 인간의 감정·사고·판단 등 두뇌 활동의 실용화에 관한 연구를 진행하고 있다. 한편으로 도요타는 이 공동연구를 통해 보다 안전한 자동차의 개발을 추진하는 동시에, 연구 결과를 노약자 간병과 의료 등 생활지원형 로봇 개발에 적극 활용할 방침이라고 한다.

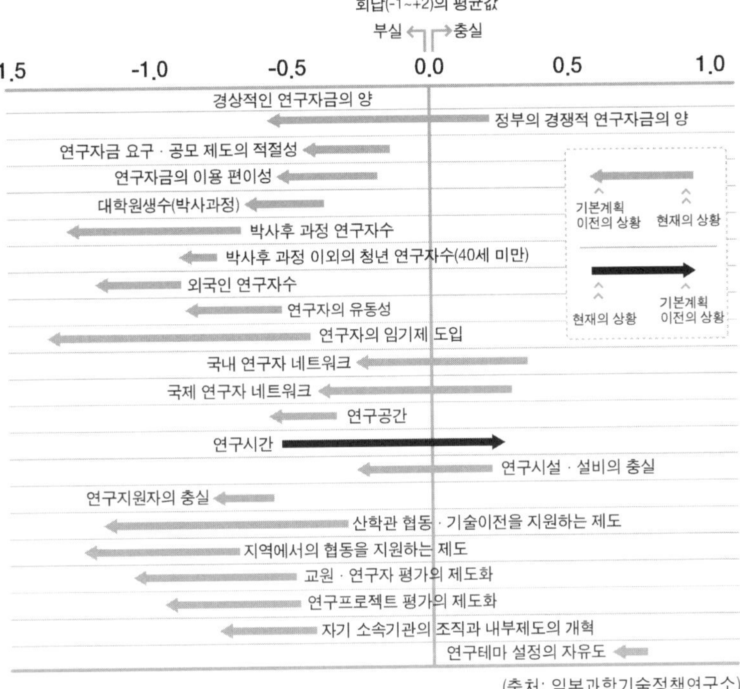

(출처: 일본과학기술정책연구소)

'정보'에 착목하면 컴퓨터와는 다른 정보처리 구조가 발견될 것"이라는 발상 때문이었다고 한다.

그 후 인간의 뇌를 모델로 한 컴퓨터 제조와 로봇 개발이 성행하게 되었다. 인문·사회계열의 연구자들도 '인간이란 무엇인가?'를 탐구하는 단서로써 뇌의 작용이나 뇌세포의 네트워크에 관심을 기울인다. 실용성과 진리 탐구가 결합된 새로운 학문 영역이 모습이 드러난 것이다.

하지만 일본 정부의 과학정책이 학계의 이런 다이너미즘을 제대로 반영하고 있다고는 말하기 어렵다. 정부의 제2기 "과학기술기본계획"*은 연구비 등을 우선적으로 지원하는 중점추진분야로 생명과학·정보통신·환경·나노테크와 재료의 4개 분야를 선정했다. 그러나 이와 같은 분류 방식이라면 울며 겨자 먹기로 뇌 과학은 생명과학, 로봇은 정보통신으로 나뉠 수밖에 없다. 만약 기존 방식을 답습하지 않고 예를 들어 '뇌·정보'라는 분야를 새로 설정한다면, 같은 금액의 연구비라 해도 다양한 연구자의 상호 교류를 통해 틀림없이 훨씬 참신한 발상과 연구 성과를 기대할 수 있을 것이다.

글로벌 경쟁에서 살아남는 길은 지적 재산을 풍요롭게 가꾸는 것이다. 정부도 이 점을 인식은 하고 있다. 그래서 제3기 "과학기술기본계획"을 통해 2006년도부터 향후 5년간 약 25조 엔의 공적 연구비를 투입하겠다는 목표를 정한 것이다. 이는 어려운 재정 형편에도 불구하고 제2기의 지원 총액을 웃도는 금액이다. 1년 단위로 보면 국가 총예산의 6%에 해당하는 엄청난 돈이다(2008년도 일본의 국가 예산은 약 83조 엔―역자).

문제는 연구비의 분배 방식에 있다. 우선 자유로이 사용할 수 있는 자금을 과학기술의 많은 분야에 걸쳐 넓고 얕게 골고루 배분하는 일이 선행되어야만 한다. 그렇게 하지 않으면 예상치 못한 우연한 발견이나 발명의 씨앗을 얻을 수 없기 때문이다. 그런 바탕 위에서 성장 전망이 뚜렷한 테마를

* **과학기술기본계획**_일본은 과학기술에 대한 지원의 활성화를 위해 1995년 제정된 '과학기술기본법'에 기초하여 5년 단위로 기본계획을 세우고 정책을 추진 중이다. 제1기 "과학기술기본계획(1996~2000년)"은 총 17조 엔을 지원하여 각종 연구시설을 정비하고 박사 과정을 마친 연구원 1만여 명을 육성했다. 제2기(2001~2005년)에는 총 24조 엔을 투입하여 본문에 나오는 4개의 중점 추진 분야를 집중적으로 지원했으며, 현재는 총 25조 엔의 예산을 책정하여 제3기(2006~2010년) 계획이 추진되고 있다.

선정하여 나머지 연구비를 집중적으로 투여하는 것이 바람직하다.

물론 지금의 중점 추진 분야는 모두 중요한 것들이다. 하지만 그중에는 승부를 걸기에 이미 적기를 놓친 분야도 있지 않을까? 예컨대 '정보통신'의 기치를 IT시대 이전에 내걸었다면 어떻게 됐을까? 소프트웨어 분야에 더 많은 인재가 육성되어 일본판 마이크로소프트(MS) 같은 기업이 태어났을 지도 모른다. '생명과학'도 인간게놈(=인간의 유전자 정보) 해독이 지금처럼 진전 되기 전에 조금만 더 중시했다면 신약 제조 분야에서 일본이 주도권을 잡을 수 있었을 것이다.

'나노테크·재료'에 관한 연구가 탈 온난화를 위한 '환경' 기술로 연결되 는 점을 감안하면 기존의 분류 방식은 일단 허물어 버려야 한다. 그리고 유연한 두뇌로 장래를 내다본 미래지향적인 연구 주제를 선택해야 한다. 혹시 문제가 발견되면 시대의 추이를 주시하면서 주제를 조금씩 보완해 가는 방식이 좋을 것이다. 어떤 연구 주제를 설정할 것인가? 그 설계도를 그리는 작업이 가스미가세키*의 관료와 과학자들만으로 충분할 리 없다.

정치에 관한 담론이라면 누구든지 쉽게 참여한다. 또 인사말 대신에 경기景氣를 화젯거리로 삼기도 한다. 영화나 스포츠라면 한층 가벼운 기분 으로 대화할 것이다. 하지만 과학이 화제에 오르면 '전문가가 아니니까'라 며 말문을 닫아 버린다. 이런 분위기를 바꾸고 싶다. 전문가 앞에서 일반 시민이 어떤 분야의 과학기술을 발전시키면 좋을지 제안한다. 기업인들도 국제적인 경쟁을 헤쳐 나가기 위한 기술에 관해, 자신의 경험을 토대로

---

* 가스미가세키(霞が関)_일본의 주요 행정기관을 총칭하는 말. 56쪽 각주 참고.

의견을 개진한다. 그리고 실용화와는 거리가 있는 순수한 진리 탐구를 위해 과학이 무엇을 과제로 삼아야 할지 인문학자가 제시한다.

위와 같은 논의를 통해 앞으로 중점을 두고 추진해야 할 분야가 슬슬 드러나는 것은 아닐까? '이런 연구 주제를 합시다!'라는 세간의 주장을 관할 기관이나 전문가들이 직접 접할 수 있는 "과학 아이디어 토론회"를 여기저기서 열었으면 한다. 연구비 배분에 관여하는 기관들의 지혜 주머니로써 다양한 토론의 장을 마련하면 어떨까?

이런 식으로 유연하고 통풍이 잘되는 환경이라야만 비로소 의욕적인 연구자가 배출되고, 민간으로부터의 연구 투자도 활발해진다. 과학기술을 정부와 과학자의 전유물이 아닌 국민 모두의 재산으로 삼자. 그것이 바로 '희망의 지혜'를 기르는 출발점이 아니겠는가.

국가 과학기술정책과 기초과학

과학은 전통적으로 자연현상의 원리와 구조를 실험·관찰·논증을 통해 탐구하는 학문이다. 기술은 그 탐구 결과를 현실에 활용하여 보다 편리하고 효율적인 인간 생활을 추구하는 실용적 방법이다. 서로 별개의 영역이던 과학과 기술이 '과학기술'로 통합된 것은 19세기 중반 독일에서부터라고 한다. 20세기 말의 미국도 물리학의 양자역학을 반도체 기술로 응용하여 IT산업의 주역이 되었다. 21세기에 들어선 지금은 세계적으로 인문학과 자연과학의 융합 및 복합이 거론된다.

과연 저출산·고령화의 미래 사회에 희망을 안겨줄 수 있는 과학기술은 어떠한 것들일까? 아사히는 기존 과학기술의 종적인 분류 방식을 넘어서서 기술적 실용성과 학문적 진리 탐구가 결합된 인간친화적 연구 주제를, 관료와 과학자만이 아니라 일반 시민과 기업인까지 참여하는 다양한 토론의 장을 통해 도출하자고 제언한다. 그리고 국가가 지원하는 연구비는 우선 소액을 전체적으로 골고루 배분하여 훗날을 위한 미지의 가능성을 살리면서, 지금 당장은 토론을 통해 의견이 수렴된 몇 개의 주제에 예산을 집중적으로 투여하자고 한다.

일본의 자연과학은 2002년에 이어 2008년에도 노벨 물리학상과 화학상을 동시에 수상하며 그 저력을 세계에 알렸다. 2008년의 경우 물리학상은 소립자물리학에서, 화학상은 해양생물학의 형광단백질 발견이 계기였다. 둘 다 수많은 실용적인 연구를 파생시킬 수 있는 그야말로 기초과학 분야라고 한다.

제1기, 2기 "과학기술기본계획"의 실시로 정부 지원이 크게 확대된 결과, 일본 과학계는 미국에 이어 세계 제2위의 논문 발표수를 기록하고 연구 성과가 산업화로 연결되는 등 비교적 성공적인 결과를 거두었다. 그러나 한편으로는 바로 실용화가 가능한 응용과학에 지원을 집중함으로써 기초과학을 홀대한 측

면도 있다. 기초과학의 연구는 '장대한 낭비'를 수반한다. 그럼에도 기초과학의 토대 없는 응용과학의 장기적인 발전은 불가능하다. 그래서 일각에서는 지금의 과학기술정책이 미래 일본에 위기상황을 초래할 것이라는 비판도 드세다.

한국은 2008년 8월 국가과학기술위원회가 "과학기술기본계획 '577전략'"을 발표했다. 이는 2012년까지 연구개발 투자를 GDP의 5%로 늘리고, 7대 분야를 집중 육성하여, 세계적으로 7대 과학기술국가 진입을 목표로 한다는 것이다. 정부는 이를 위해 향후 5년간 66조 5000억 원을 투입하겠다는 포부를 밝혔다. 물론 많은 전문가와 국민의 여론을 수렴하여 신중하게 세운 전략일 것이다. 그리고 우리의 현재 국력으로 선진 대국들처럼 기초과학에 '장대한 낭비'를 하고 있을 수도 없다. 하지만 과학기술의 연구가 밤샘 토목공사처럼 단기적인 전력투구로 성취될 수 있는 것일까? 전시행정이 아니라면 당연히 보다 장기적인 포석이 필요하다.

의료·노인 요양에 두뇌와 자금을

❖ 지역정부가 복지 서비스를 책임지자.
❖ 아이들이 미래의 희망이다. 육아 지원에 힘쓰자.

앞으로 몇 회에 걸쳐 우리의 삶을 지탱해 줄 사회보장의 미래상을 그려볼 계획이다. 이번 호는 그 총론편으로, 사회보장의 전체적인 구도를 어떻게 짤 것인가에 대해 생각해보자.

저출산·고령화가 진행되면서 일본의 인구는 줄기 시작했다. 경제도 예전 같은 고도성장은 기대할 수 없게 되었고 미래의 장밋빛 사회보장은 이미 불가능해졌다. 이런 심각한 상황에서도 연금·의료·노인 요양 등은 최소한 현재의 수준을 유지해야 한다. 육아와 저소득층을 우선적으로 지원하고 교육에도 역점을 두고 싶다. 그러기 위해서는 보험료와 소비세의 인상도 감수해야 하며, 시민들이 서로 도움의 손길을 내밀면서 복지의 질을 높여 가야 한다.

이 사설 시리즈의 첫머리에서 희망사회의 이미지를 위와 같이 제시했다. 요컨대 맹목적으로 '작은 정부'를 고집하는 것이 아니라, '중복지·중부담'의 연대형 복지국가를 지향하자는 것이다. 그 실현과 장기적으로 지속 가능한 사회보장제도를 위해 다음 세 가지 원칙을 제안하고 싶다.

첫째, 연금보다도 의료와 노인 요양에 더 많은 머리와 돈을 쓰자.
둘째, 지방분권을 더욱 진전시켜 의료·노인 요양은 기본적으로 지역정부에 맡기자.
셋째, 육아 지원에 힘쓰자.

먼저 첫 번째 제안의 내용은 다음과 같다.

연금으로 노후 생활을 유지하고 의료와 요양을 위한 지출도 연금에서 지원받는다. 정부는 이러한 연금제도 중심의 고령자 복지를 구상해 왔다. 그러나 한정된 재정 자금을 유효하고 적절하게 쓰기 위해서는 우선 이 점을 수정할 필요가 있지 않을까? 물론 연금은 노후생활의 가장 듬직한 버팀목이다. 하지만 이미 일본의 연금지급액은 유럽과 거의 어깨를 나란히 하는 수준까지 다다랐다. 현행 수준만 유지된다면 그나마 안심할 수 있을 것이다. 연금만으로 부족하다면 젊은 시절부터 계획적으로 저축할 수도 있다.

그보다도 노후에 정말 곤란한 일은 위중한 병에 걸리거나 간호가 필요한 경우다. 평소보다 훨씬 많은 돈이 들어서 연금만으로는 부족할지도 모른다. 더욱이 그런 상태가 언제 닥칠지 예측조차 할 수 없으므로 사전에 대비하기도 어렵다. 만의 하나라도 불행이 닥쳤을 경우 재산이 있고 없음에 따라 받을 수 있는 의료 및 서비스의 질이 큰 차이가 난다거나 노인용 기저귀의 교환 횟수가 달라지면 참 괴롭다. 같은 금액의 재정 자금을 이용하여 연금에 비중을 두는 것과 이렇게 불시의 경우에 대비하는 것, 도대체 어느 쪽이 안정된 노후 생활에 도움이 될까? 개개인이 만약의 사태에 대비하기보다 사회 전체가 감당하는 쪽이 훨씬 더 효율적일 것이다.

현재도 의료는 의사 부족과 병원의 적자 같은 불안 요소를 안고 있다. 노인 요양도 도우미의 보수가 너무 낮아서 각종 문제점이 드러났다. 이런 상태로 노후는 정말 괜찮을까? 사회보장에 드는 공적인 재정지출은 2025년도에 대개 40조 엔 이상으로 늘어날 전망이다. 그중 20조 엔을 의료가, 10조 엔을 노인 요양이 차지한다. 고령자 수가 급속히 늘고 있기 때문이다. 보다 효율성을 높여 지출의 증가를 막고 부담 증대도 최대한 억제하는 반면에, 서비스의 질은 높여야 한다. 바로 이 점에 머리와 돈을 쓰자는 것이다.

그 실현을 위한 방법이 두 번째 제안이다.

의료와 노인 요양을 과감히 지역정부에 맡겨서 주민이 필요로 하는 서비스를 주민 스스로 결정하는 방식으로 바꾸자. 전 국민이 가입하며 납부자 수가 많을수록 제도가 안정되는 연금은 중앙정부 즉, 국가가 책임져야 한다. 그러나 주민 생활과 가까운 의료는 도·도·부·현이 책임지고 운영하는 편이 좋다. 2000년부터 시작된 노인요양보험*은 지금도 시·

---

* **노인요양보험**_급속한 노령화의 대응책으로 2000년 4월 1일부터 시행된 제도다.

정·촌이 담당하지만 앞으로는 현재 이상으로 지역의 독자성을 발휘할 수 있는 방식이 바람직하다. 그리하여 의료·노인 요양에 대한 부담과 서비스를 지역 형편에 맞게 재편성하고 주민의 자율적인 봉사활동과도 연계시킴으로써, 지출을 절감하는 동시에 세심한 복지를 제공해야 한다.

지역정부가 이런 일을 빈틈없이 잘 운영할 수 있을지에 대한 불안도 없지는 않다. 하지만 선거 및 지역행정에 대한 참여를 통해 주민이 자신들의 의향을 직접 정책에 반영시킬 수 있으면 새 제도를 비교적 무난히 수용하고 생각보다 짧은 시간에 시스템이 안정되지 않겠는가.

마지막 제안은 육아 지원이다. 아이들은 미래를 위한 희망의 별이다. 아이들의 수가 줄면 장차 일할 사람도 줄어들고 소비가 침체하며 경제는 축소될 수밖에 없다. 게다가 앞으로의 사회보장을 책임질 세대도 감소한다. 아이를 원한다면 안심하고 낳을 수 있고 훌륭하게 키울 수 있다. 육아 지원을 강화하여 그런 사회를 지향하자는 제안에 누구든 이의는 없을 것이다.

① 적용대상

구분	제1호 피보험자	제2호 피보험자
대상자	65세 이상	40~65세의 의료보험 가입자
수급권자	요양이 필요한 자, 치매나 질병 등으로 자리에서 일어날 수 없는 자	요양이 필요한 자, 뇌혈관 장애 등으로 수발을 받아야 하는 자

② 보험 재정: 피보험자의 보험료 45%, 공비(公費) 45%(중앙정부 22.5%, 자치체 22.5%), 본인 부담 10%로 충당한다. 또한 피보험자의 보험료 중 1/3은 제1호 피보험자, 2/3는 제2호 피보험자가 부담한다.
③ 서비스: 크게 시설 서비스와 재택 서비스로 구분된다. 전자는 양로원과 같이 주거를 제공하는 경우와 의료시스템을 갖춘 특별 시설에 입소하는 경우로 나뉜다. 후자는 가사 도우미 또는 간호사의 방문 서비스를 받거나, 목욕·식사·기능훈련을 매일 시설에서 제공하는 데이 서비스(Day Service) 등이 있다.

사회보장을 위한 공적 지출은 현재 고령자에게 70%가 쓰이고, 육아 등 가정에 대한 지원은 4% 정도에 불과하다. 고령자 수가 계속 늘어나므로 이 비율을 큰 폭으로 바꾸기는 어려울지도 모른다. 그러나 소비세 증세와 같은 새로운 재원을 마련하여 출산·육아가 가능한 젊은 세대를 위한 지원과 서비스를 강화해야 한다.

현재와 같은 추세로 저출산이 진행되면 50년 후에는 일본 인구가 지금보다 4000만 가까이 줄어서 9000만 명을 밑돌 것이다. 게다가 금세기 말쯤에는 인구가 또다시 그 절반까지 감소할 것이라는 추산도 나온다. 지속 가능한 희망사회를 위해서는 저출산을 막고 현상을 반전시키는 일이 다른 무엇보다도 중요하다.

앞서도 논한 바와 같이 고령화에 따른 사회보장비 지출은 앞으로 급격히 증가한다. 따라서 보험료와 세금 부담도 늘어날 수밖에 없다. 이를 최대한 억제하기 위해서는 지금의 사회보장제도에 내포된 낭비를 철저히 배제하고 효율화시켜야 한다. 이것이 개혁의 대원칙이다. 다음 호에서는 사회보장에 대한 각론各論 중에 의료 문제부터 생각해 보기로 하자.

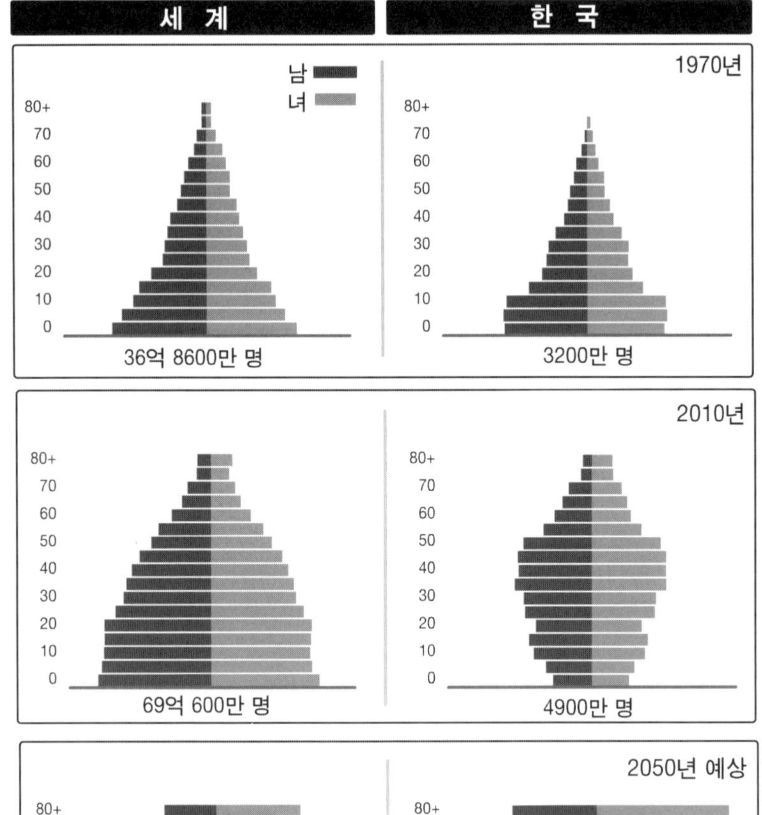

세 계
한 국
남
녀
1970년
2010년
2050년 예상
80+
70
60
50
40
30
20
10
0
36억 8600만 명
3200만 명
69억 600만 명
4900만 명
91억 5000만 명
4200만 명
(출처: 통계청)

고령화의 근본적인 해결은 저출산 대책에서

'중복지·중부담'의 연대형 복지국가 실현을 위한 사회보장제도를 전체적으로 어떻게 구성할 것인가. 아사히는 그 총론으로서 첫째, 안정된 노후생활을 위해서는 연금보다 의료와 노인 요양에 치중할 것, 둘째, 이 문제를 지역정부에 맡겨서 주민 스스로 결정하게 할 것, 셋째, 무엇보다 시급한 출산·육아 지원 등 저출산 대책에 여력을 집중할 것 등을 제언한다.

일본은 2006년 세계 최초로 65세 이상의 노인인구가 전체의 20% 이상을 점하는 초고령사회에 진입했다. 2007년의 평균수명은 남성 79.1세, 여성 86.2세이며, 출산율은 전년도보다 약간 올라서 1.27명을 기록했다. 이런 추세라면 2035년에는 인구 3명당 1명이 노인인 기형적인 사회로 변모할 것이 확실시된다.

2009년 한국의 노인인구 비율은 11%로 유럽·북미·일본 등 선진국 평균 15.9%보다 낮다. 그런데 평균수명은 남녀 평균 79.1세로 일본에는 조금 못 미치지만 세계 평균 67.6세, 유럽 평균 75.1세보다 높다. 또한 가장 심각한 출산율은 1.13명으로 세계 평균 2.56명의 절반 이하고 선진국 평균인 1.64명보다도 훨씬 낮은 수준이다. 이런 추세가 이어지면 2050년에는 노인 인구가 38.2%에 달해서 선진국 예상 평균치 26.2%를 크게 앞지르게 된다. 역사상 유례가 없는 급속한 고령화라고 할 수 있다.

늘어나는 노인 인구를 위해서는 의료와 노인 요양, 재취업 등의 대비책이 반드시 필요하다. 동시에 사회 전체로 보면 고령화의 근본적인 해결책은 저출산 해소에서 찾아야 한다. 그래서 일본 정부는 2004년부터 "소자화(少子化)사회대책대강", "자녀양육응원계획" 등을 수립하여 양육비 및 아동수당의 증액, 소아과·산부인과 의사 확충, 부모 근무방식의 변화 등 다양한 대책을 내놓았다. 그러나 아직 이렇다 할 가시적 성과는 거두지 못했다.

한편, 일찍부터 저출산 문제로 부심해 온 유럽 국가들 가운데 프랑스는 가장 모범적인 사례로 꼽힌다. 프랑스 정부는 국내에 거주하는 외국인을 포함한 모든 개인 및 가족을 대상으로 혼외 출산·입양·위탁을 불문하고 자녀수와 연령에 따른 수당을 차등 없이 지급한다. 또 보육비의 50% 공제와 각종 세금 감면 등 세제 지원을 펼치며, 심지어 교통 및 문화예술에 관련된 공공시설에 대한 가족 할인을 통해 양육의 주체인 가정을 집중적으로 지원한다. 그 결과 프랑스의 출산율은 계속 조금씩 높아지고 있다.

한국 정부도 '저출산고령사회기본법'을 제정하고 "아이 낳기 좋은 세상" 캠페인을 펼치는 등 저출산 해소를 위해 많은 대책을 내놓았다. 하지만 저소득층에게 무상 보육을 실시한다면서도 국공립 보육시설은 아직 1800여 곳에 불과하여 전체 수요자의 10%만 이용할 수 있다. 운 좋게 국공립 시설을 이용하더라도 2009년 7월 발표된 정부의 '영유아 표준보육비용'에 따르면 저소득 가정에 실제로 지원되는 금액은 납부금의 60%다. 민간 시설에 의존하는 대다수 가정은 상당한 금액을 가계에서 부담할 수밖에 없다.

'아이를 낳기도 쉽고 기르기도 쉬운' 사회적 환경 조성에 역점을 두어 출산과 양육에 대한 실질적인 지원을 확대해야 한다. 또 여성의 사회 참여와 결혼·출산·양육이 동시에 가능하도록 하는 제도적 개혁을 포함하여 전방위적인 대책 마련이 시급하다.

평등한 의료 환경을 위한 지혜를

❖ 야구의 드래프트제*를 참고하여 의사를 제도적으로 균형 배치하자.

❖ 현에서 의료제도를 운영하고 진료 수가도 정하자.

사회보장의 첫 번째 각론으로서 붕괴가 우려되는 의료시스템부터 먼저 살펴보자.

"약지藥指만 접합하면 1만 2000달러, 중지를 더하면 6만 달러, 어떻게 할까요?" 사고로 손가락이 두 개 절단되어 황급히 병원을 찾은 무보험자는

---

* **드래프트제**_야구·축구·농구 등 주로 프로 스포츠에서 사용하는 선수 선발 방식의 하나다. 드래프트 방식을 원하는 선수를 대상으로, 보통은 전년도 리그 순위의 구단별 역순으로 우선 지명권이 주어진다. 구단들의 과열 경쟁을 막고 팀 전력을 균등하게 할 수 있는 장점이 있으나 선수들의 선택권이 침해당하는 단점도 있다. 본문의 내용과 같이 의사에 대한 드래프트제가 공론화되면 마찬가지로 의사의 선택권과 기본적 인권 문제가 제기될 것이다.

수술에 앞서서 의사에게 이런 질문을 받는다. 작년(2007) 여름 미국의 의료 실태를 고발한 마이클 무어 감독의 다큐멘터리 영화 "식코"는 일본에도 큰 충격을 안겨주었다. 공적 의료보험에 가입할 수 있는 자격은 고령자, 저소득자에게만 주어지므로 다른 사람들은 민간보험에 들지 않으면 무보험자가 되어 버린다. 위 영화 장면은 미국이기에 볼 수 있는 광경이다.

일본은 모든 사람들이 직장 또는 지역의 공적 의료보험에 가입한다. 언제, 어디서, 누구든 의사의 진료를 받을 수 있는 '국가의무가입보험(皆保險)'은 안심하며 살 수 있는 사회의 기반이다. 영화 "식코"가 보여주는 세계가 되지 않으려면 우선 의료보험 재정을 튼튼하게 다질 필요가 있다.

환자 본인 부담을 제외한 의료비의 재정 지출은 고령화로 인해 2006년도의 약 28조 엔에서 2025년도에는 48조 엔까지 급등할 것으로 예상된다. 그것을 충당하기 위해서는 보험료와 세금이 양쪽 다 10조 엔 이상 늘어나야 한다. 샐러리맨이 월급에서 부담하는 보험료율은 평균적으로 불과 1% 정도 오르는 것으로 추산된다. 하지만 영세 자영업자·고령자가 가입하는 국민건강보험은 지금도 보험료를 낼 수 없는 사람이 많아 이미 재정이 한계에 다다랐다. 더 이상 환자에게 부담을 지우기도 어려울 듯하다. '국가의무가입보험'을 유지하기 위해서는 보험료 및 환자 부담의 증가를 가능한 한 억제하면서 그만큼 세금 투입을 늘릴 수밖에 없지 않을까?

사회보장제도를 지탱하기 위해서는 소비세율 인상도 감수하자. 그리하여 앞으로는 의료·노인 요양에 중점을 두어 노후의 평온함을 준비하자고 우리는 제안했다. 그중에서도 의료시스템은 생명의 공평성을 좌우하는 중대사이므로 우선적으로 고려했으면 한다. 물론 낭비되는 부분도 있다.

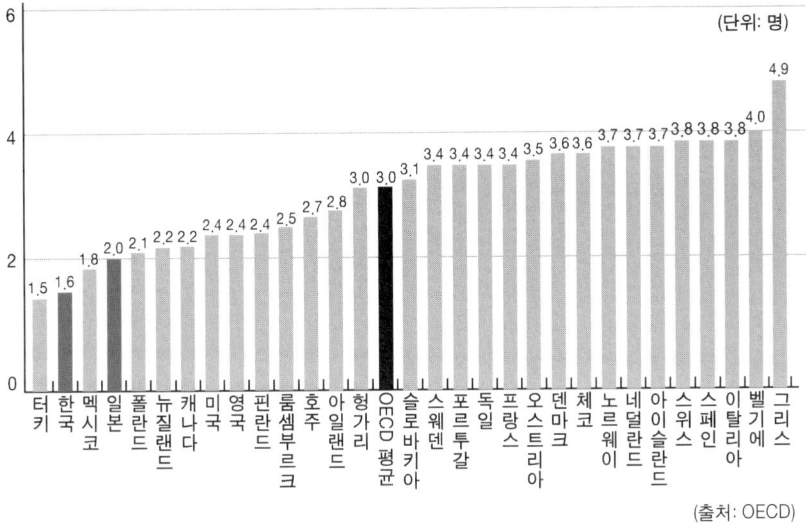

치료를 마친 사람이 계속 입원해서 병원을 마치 복지시설처럼 사용한다. 고령자가 필요 이상으로 병원과 진료소를 돌며 몇 번이고 똑같은 검사와 약을 받는다. 이런 낭비를 없애는 일도 동시에 이루어져야 한다.

의료보험의 재정 기반을 다지는 문제가 해결된다 하더라도 과연 의료 현장은 문제가 없을까? 최근에는 이 부분이 아주 미심쩍다. 병원에 의사가 없어서 환자를 이 병원 저 병원으로 미루는 일도 자주 일어난다. 이런 상태라면 지금처럼 산부인과·소아과뿐만 아니라 외과나 마취과도 전문의가 부족해질 것이다. 최근에는 전반적인 의사 부족과 함께 전문 분야와 지역적인 편중 현상이 점점 심각해지고 있다.

의사는 매년 4000명 정도 늘지만 아직도 인구 1000명당 의사 수는 불과

두 명이다. 이대로 가면 한국이나 멕시코, 터키에도 추월당하고 선진국 중 최저 수준으로 떨어진다고 한다. 이를 선진국 평균인 3명까지 끌어올려야 한다. 의사를 양성하려면 최소한 10년은 걸리므로 서둘러 대책을 마련할 일이다. 그렇다면 의사 수가 충족되기 전까지는 어떻게 운영해야 할까? 산부인과, 소아과와 같이 의사가 부족한 분야는 보수를 우대해준다. 또는 의료 시술 이외에 의사가 담당하는 각종 업무를 대행해 줄 보조직을 늘리거나 간호사도 간단한 의료 행위를 맡게 해서 의사가 치료에만 전념할 수 있는 환경을 만드는 것이 중요하다.

그런 다음에 진료과목 선택과 의사 배치 등에 대해서 공적으로 관여하는 제도를 마련하도록 제안하고 싶다. 의사의 전공이 몇몇 특정한 분야로 치우치지 않도록 진료과목마다 양성할 수 있는 인원의 상한을 설정한다. 또한 면허를 취득한 후에는 일정 기간 의사 수가 적은 지역이나 병원에서 근무할 것을 의무화한다. 지역에 배치를 받는 시기는 연수 중이나 전문의가 되었을 때 혹은, 중견 의사가 된 뒤 등 여러 가지 선택지가 있겠지만, 개업을 하기 위해서는 의무기간을 반드시 채우게 한다.

의사는 생명을 책임지는 너무나 중요한 직업이다. 그래서 사립 의대에도 상당한 세금이 투입된다. 의사는 수입도 많고 사회적 지위도 높다. 설령 공립병원에 근무하지 않는다 해도 공적인 직업이다. 의사 개인의 자유에만 맡겨서는 전문 분야 및 지역적인 편중 현상을 해소할 수 없다. 사회의 존경과 기대에 부응하여 일정 기간의 의무를 받아들이라는 것이 무리한 요구일까?

위와 같은 제도가 갖춰졌을 때, 의사를 계획적으로 양성하는 것은 중앙정부의 몫이다. 하지만 그 후에는 과감하게 분권을 진척시켜 지역정부에 맡겨야 한다. 앞에서 제기한 지역 배치도 도·도·부·현이 그 고장의 병원과 의과대학, 의사회, 시·정·촌 등과 협의를 통해 결정한다. 의사가 남아도는 현에서 초빙할 필요도 생길 것이다. 그때는 프로야구의 드래프트제를 참고하면 어떨까. 신참뿐만 아니라 중견 의사도 의사가 부족한 현이 의사가 많은 현에서 우선적으로 채용할 수 있게 하는 것이다.

금년(2008) 4월부터는 75세 이상의 고령자가 가입하는 현 단위의 고령자 의료제도*가 시작된다. 중소기업의 샐러리맨이 가입하는 기존 건강보험은 그간 중앙정부가 전국을 일률적으로 관장했지만, 이것도 10월부터는 현 단위로 운영된다. 시·정·촌의 국민건강보험과 소규모 건강보험조합도 현 단위로 통합이 진행 중이다. 따라서 의료비 부담과 의사의 급료도 현이 정하는 게 자연스럽다.

또한 현재는 진료 수가를 정부의 심의회가 정한다. 이것을 정부는 그 기준만 정하고 현지사県知事가 최종적으로 결정하게 해도 좋지 않은가. 지역에 따라 필요로 하는 의료에 차이가 있으므로 위와 같은 방식이면 지역

* **고령자 의료제도**_이미 2008년 4월부터 '후기고령자 의료제도'라는 명칭으로 시행되었다. 이전의 노인보건제도와 다른 점은 만 75세 이상이 되면 국가가 관리하는 건강보험에서 '후기고령자' 전용 보험으로 자동 편입되며 보험료가 연금에서 징수된다는 점이다. 의료비 지급은 정부 공적자금에서 50%, 현역 세대가 가입한 보험에서 40%, 고령자 본인의 보험에서 나머지 10%를 부담한다.
하지만 그동안 의료비 부담이 면제되던 75세 이상 고령자가 의료비의 10%를 지불하고 무연금자·저연금자도 강제적인 가입 대상으로서 월 최저 6400엔의 비싼 보험료를 납부하게 되었음에도 정작 의료 서비스는 개선되지 않았다. 심지어 연금으로부터 징수가 아닌 본인이 직접 납부하는 경우는 1년 미납시 의료비 전액을 본인이 부담하게 하는 등의 문제 때문에 제도 폐지를 주장하는 여론이 분분하다.

사정에 맞추기도 쉬워질 것이다. 나가노현長野県은 예방 의료*에 힘써서 고령자의 의료비를 전국 최저 수준으로 억제하면서도 장수하는 이들이 늘고 있다. 이처럼 각 현이 의료제도의 주체가 됨으로써 여러 가지 아이디어가 분출하기를 기대한다.

* **나가노현의 예방 의료**_2002년 기준 전국 평균 노인의료비 지출이 일인당 약 74만 엔인데 비해 나가노현은 약 60만 엔에 불과했다. 그러나 평균수명은 남자 78.9세로 전국 1위, 여자 85.3세로 3위를 기록했다. 그 요인 중 하나로 짐작되는 나가노현의 예방 의료는 1945년 한 의사가 "예방은 치료보다 효과적이다"라는 신념하에 현내 무의촌을 순회하고 단체 진료를 도입한 데서 비롯되었다고 한다. 나가노현의 사례는 그 후 국가가 시행하는 예방 의료의 계기가 되었다.

저출산 해소를 위한 의료 대책

한국도 일본도 산부인과 의사 부족이 심각한 상태다. 일본의 경우 2008년 10월, 출산이 임박한 임산부가 도쿄 한복판의 병원 여덟 곳에서 입원을 거절당한 끝에 결국 사망했다. 제법 규모가 큰 지역의 중심 병원에서도 출산을 아예 취급하지 않는 사례가 속속 보고된다. 의료는 안심하고 아이를 낳아 기르기 위한 일차적인 토대다. 여성들이 불안해서 임신을 기피한다면 저출산은 결코 해결되지 않는다.

아사히는 사회보장제도의 안정을 위한 첫 번째 과제로 의료시스템 개선을 들었다. 우선 한계점에 달한 의료 재정을 소비세 증세 등을 통해 기반을 공고히 다진다. 그리고 의료 현장의 가장 시급한 당면 문제인 의사 부족과 전문 분야 및 지역적 편중 현상을 해결하기 위해 산부인과·소아과·외과·마취과 등 비인기 분야에 대한 우대, 의과대학의 전공별 인원 상한제, 지역 단위의 의사 드래프트제 등을 제언한다.

후생노동성 조사에 따르면 일본의 의사 수는 2006년 약 26만 4000명으로 10년 전에 비해 3만 명 이상 늘었다. 하지만 같은 기간 산부인과의는 1만 3000명에서 1만 명 남짓으로 오히려 줄어들었다. 소아과 의사는 10년 전보다 6.7% 늘었으나 현장의 의료 인력 부족은 여전히 심각한 상태다.

일본 정부는 2008년 진료 수가를 개정하여 위험 부담이 높은 분만이나 휴일 및 심야의 소아과 초진료에 가산금제도를 도입했다. 동년 11월엔 차년도 의과대학 정원의 700명 증원계획을 발표하기도 했다. 이는 단순한 증원이 아니라 심사를 통해 선정된 지방 의과대학이 지역 출신자와 장차 그 고장에 정착하겠다는 뜻을 밝힌 학생들을 모집하게 하여, 졸업 후 일정기간 지역 내 근무를 조건으로 장학금을 주겠다는 내용이다. 또한 2009년부터는 통상적인 출산으로 뇌성마비에 이른 경우 정부가 보상금을 지불하는 '산과(産科)의료보장제도'도 시작했다.

앞으로는 국공립 의대의 전공별 정원제를 도입하여 안과·피부과(한국이라면 성형외과도 포함해서!)와 같은 인기 전공에 학생들이 집중되지 않도록 대책을 강구해야 한다. 그리고 자치체가 지역에서 산부인과나 소아과를 개업하는 조건으로 고장 출신의 의대생에게 특별장학금을 줄 수도 있다. 한편, 여성 의사의 상당수는 산부인과·소아과 전공이지만 주야를 가리지 않는 의사들의 가혹한 근무 관행 때문에 가사와의 양립으로 고충을 겪는다. 그들을 지원하기 위해 육아 기간 중의 잔업과 당직 면제, 시간제 혹은 주 3일 변칙 근무, 병원 내 보육소 개설 등의 대책을 내놓은 병원도 많다.

OECD '2009년 세계의료현황'을 보면 한국의 인구 1000명당 의사 수는 2007년 현재 1.74명이다. 이는 1997년의 1.23명에 비해 상당히 빠르게 늘어난 수치다. 그러나 OECD 평균은 3.1명이며 한국은 그중 꼴찌에서 두 번째다. 또한 2007년 의료비의 국가부담률은 한국이 55%로 회원국 평균인 73%보다 훨씬 낮다. 물론 모든 문제가 일조일석에 해소될 수는 없다. 마스터플랜을 세워서 의료 재정의 건전화부터 하나씩 해결해 나가야 한다. 그때 우리보다 한발 앞서 저출산·고령화를 경험하고 그 대책의 일환으로 의료 개혁을 지향하는 일본의 사례는 좋은 참고가 될 것이다.

(위 내용의 일부는 「닛케이(日経)신문」 2009년 6월 1일자 사설을 참고함)

요양 업무 종사자들도 보호하기 위해

❖ 요양보호사가 매력적인 직업이면 요양 업무에 필요한 일손도 확보할 수 있다.

❖ 요양보험의 재정을 위해 젊은 세대까지 가입 범위를 넓히자.

아코낭인 습격사건*보다 며칠 이른 작년(2007) 12월 9일, 도쿄의 한 여성단

---

* **아코낭인(赤穂浪人) 습격사건**_1701년 음력 2월, 에도성 내에서 사소한 시비 끝에 아코번(赤穂藩)의 번주(藩主) 아사노 나가노리(浅野長矩)가 막부 중신인 기라 요시히사(吉良義央)에게 칼로 상처를 입힌 것이 사건의 발단이다. 막부는 장군이 거주하는 에도성 내에서 칼을 빼들었다는 이유로 아사노에게 할복을 명했다. 그 판정에 불만을 품은 오이시 구라노스케(大石內蔵助) 등 아사노의 가신 47명이 이듬해 음력 12월 14일 기라의 숙소를 야습하여 살해하고 관청에 자진 출두해서 전원 할복을 명령받은 것이 사건의 전말이다.

무사도 정신을 상징하는 일로 당대 식자들의 주목을 끌었으며, 사건 직후 가부키로 극화된 "가나테혼추신구라(仮名手本忠臣蔵)"는 에도시대 내내 세간의 선풍적인 인기를 모았다. 지금도 거의 매년 TV 사극이나 게임 등의 소재로 활용된다.

체가 각 정당의 정치가를 기습적으로 초대하여 심포지엄을 열었다. 노인 요양이라는 중요한 업무를 담당하는 사람들이 전혀 대우받지 못하는 현실 을 정치가들에게 추궁하기 위해서였다.

전투 개시의 북을 울린 것은 NPO 법인 '살기 좋은 고령사회를 만드는 여성들의 모임'이다. 약 2개월 동안 모은 14만 5000명의 서명 용지를 정치 가들 앞에 보란 듯이 쌓아놓고 요양 업무 종사자들의 급료를 일률적으로 3만 엔씩 올리는 법안을 만들라고 다그쳤다.

예로부터 연로한 부모의 병 수발은 주로 '며느리'라 불리는 여성의 몫이 었다. '남자는 회사, 여자는 가정'이라는 역할 분담 아래 '며느리'들은 때로 자신의 건강을 해치면서까지 시부모와 친정 부모를 뒷바라지해 왔다.

가족 구성 및 지역사회의 변화를 배경삼아 일본이 독일의 뒤를 이어 '노인요양보험제도'를 시행한 것은 2000년 봄의 일이다. 병 수발을 받아야 할 노인을 사회 전체가 합심하여 돌보자는 선언적인 의미가 강한 제도였 다. 그러나 세계에 자랑할 만한 이 제도가 지금 위기에 직면했다. 요양 업무 의 현장이 심한 일손 부족 현상을 겪고 있기 때문이다. 일할 사람들이 요양 시설이나 방문 간병을 담당하는 사업소를 찾지 않는다. 찾아준다 해도 그 가운데 20% 정도가 1년 이내에 그만둬 버린다.

그들의 월급은 평균 20만 엔 남짓으로, 다른 서비스업이나 전체 산업의 평균보다 10만 엔 이상 적다. 게다가 일의 성격상 야근이 많고 요통을 호소 하는 사람들도 적지 않다. 무엇보다 안타까운 일은 대우가 너무 열악해서 장래를 설계할 수 없다는 점이다. 요양보호사가 불우하다면 병 수발을 받 는 사람들의 존엄도 지켜낼 수 없다.

노인요양보험의 개념도

(출처: 독립행정법인 복지의료기구)

왜 임금이 이렇게 낮을까? 요양서비스를 이용하는 요금은 서비스의 종류에 따라서 국가가 정한다. 요금의 90%는 보험제도에서 '간병 보수'라는 명목으로 지불하고 이용자 본인도 나머지 10%를 부담한다. 요양사업자는 이 요금 수입에 의존하여 인건비까지 포함해서 사업체를 꾸려가야 한다. 하지만 제도가 정식으로 출범한 뒤 서비스 이용자가 대폭 증가하면서 보험제도로부터 지출하는 금액이 급속히 늘어났다. 그래서 후생노동성은 보험제도에서의 지출 총액을 억제하기 위해 두 번에 걸쳐 '간병 보수'의 단가를 인하했다. 결과적으로 사업자의 수입이 감소하고 그것이 요양보호사의 임금에까지 여파를 미친 것이다.

고령화가 진전됨에 따라 요양서비스의 이용자가 증가하는 것은 불가피한 현상이다. 2006년도에 6조 6000억 엔이던 '간병 보수'의 총액은 2025년도에는 16조 엔으로 늘어날 전망이다. 이런 상황에서 임금을 적절한 수준까지 인상하여 요양 업무에 종사할 인력을 확보하기 위해서는 어떻게 해야 할까?

그 방법은 우선 재정기반을 풍족하게 만드는 것이다. '간병 보수'의 재원은 기본적으로 보험 가입자가 내는 보험료와 정부 세금이 각각 절반씩 부담한다. 그런데 가입자가 매달 납부하는 보험료는 평균 4000엔 정도로 이미 거의 한계점에 다다른 금액이다. 이것을 더 이상 올리기는 어렵다. 그렇다면 정부 세금에서 부담하는 비중을 높이는 것 외에는 방법이 없지 않은가?

불요불급한 공공시설에 소모되는 예산을 과감히 삭감하는 것은 물론이고 소비세를 포함한 증세도 받아들여야 한다. 그리하여 노후의 평안을 지키기 위해 의료와 노인 요양에 드는 재정비용을 먼저 확보해야 한다고 우리는 누차 제안했다. 자신의 쌈짓돈을 조금씩 줄여서라도 요양 업무 종사자들의 생계를 보장하고 보험제도를 지켜 가는 일, 우리 모두의 각오가 필요한 문제다.

보험료 문제에 대해서는, 독일과 같이 젊은이들에게도 보험료를 부담시키면 어떨까? 현재는 40세 이상이 요양보험의 보험료를 부담하고 원칙적으로 65세 이상이 서비스를 받는다. 앞으로는 보험료를 인하하여 젊은 세대에도 부담하게 하고 요양서비스 또한 연령에 관계없이 이용할 수 있도록 고치자는 것이다. 젊은이라 해도 예기치 못한 사고나 질병의 위험성은 늘 도사리고 있다. 미리 대비가 갖춰진다면 본인도 안심이고 부모·조부모를 위한 요양제도도 유지할 수 있다. 그러므로 시간이 걸리더라도 젊은 세대의 이해를 구했으면 한다. 한편으로 서비스의 내용을 재점검하는 작업도 필요하다. 본인의 노력으로 혹은, 지역 내의 상부상조를 통해 해결할 수 있는 일이 적지 않기 때문이다.

이상과 같이 요양 업무에 드는 부담이 계속 늘어난다면 '결국 경제의 발목을 잡을 것'이라고 생각할 수도 있겠지만 과연 그럴까?

노인요양보험이 시작된 후 지금까지 다양한 사업소가 생겨나고 100만 명을 넘는 신규 고용이 창출되었다. 앞으로는 이런 시설과 인력이 더 많이 필요해질 것이다. 요양사업은 바야흐로 지역경제의 중요한 한 축으로 자리를 잡아 가고 있다. 늘어나는 요양 수요에 맞춰 돈이 순환되는 시스템을 만들면 내수형 경제를 추동하는 역할도 기대할 수 있다. 공공사업에 대한 의존도가 높은 지역경제를 복지사업 위주로 방향 전환하여 경제의 체질을 건강하게 만들자.

또한 요양 업무 종사자들의 생활을 보호할 수 있다 해도 그 직업이 매력적이려면 돈만 가지고서는 안 된다. 어떤 조사를 참고하든 약 70%의 사람들이 '일하는 보람'을 중시한다.

효고현兵庫県 내에서 요양시설과 방문간병서비스를 제공하는 사회복지법인 '기라쿠엔'은 직원 이동이 적은 덕분에 잘 숙련된 직원이 양질의 요양서비스를 제공하는 것으로 소문나 있다. 상근·비상근을 합쳐 600명이나 되는 직원의 연수에는 특히 온 힘을 쏟는다. 연간계획표에는 요양사업과 직접적인 관련이 없는 인권, 평화를 주제로 한 내용도 적지 않다. "인간성 심화를 위한 연수에 참여한 뒤에는 일을 대하는 의욕이 달라진다"고 이치가와 레이코市川禮子 이사장은 말한다.

신입사원에게는 1년 동안 조금 나이가 든 선배를 한 명씩 조언자로 붙여 준다. 5년 정도 경험을 쌓은 우수한 직원은 승진을 시켜 원칙적으로 야근을 빼주고, 연수를 통해 관리직으로 키운다. 이런 식으로 직원의 의욕과 능력을 높이는 일은 경영자의 책임이다.

아시아 각국도 일본에 이어 급속히 노령화가 진행 중이다. 요양 업무의 이념과 방법과 기술을 한층 더 연마하여 인접국들에 전해주고 싶다.

요양산업을 통한 안정적인 고용 창출

후생노동성이 발표한 추산에 따르면 노인인구의 증가로 일본은 2009년 현재 약 120만 명인 요양서비스 종사자를 2025년엔 약 250만 명까지 늘려야 한다. 계산상으로는 앞으로 매년 10만 명씩 새로 고용해야 감당할 수 있는 인원이다.

이처럼 요양산업은 사회복지뿐만 아니라 고용 창출을 위해서도 극히 중요하다. 실제로 일본에서 '노인요양보험제도'가 출범한 2000년부터 2005년 사이에 매년 10만 명 정도의 인력이 관련 업종에 취업했다. 하지만 최근 몇 년간은 신규 취업이 매년 5만 명 이하로 급감했다. 원인은 전체 산업 평균의 70%에 불과한 낮은 급여와 열악한 근무 조건 때문이다.

아사히는 요양서비스 종사자들의 급여를 인상하고 안정적인 생활을 보장하지 않으면 그들로부터 서비스를 받는 노인들의 존엄도 지켜낼 수 없다는 점을 특히 강조한다. 그리고 근본적인 해결책인 요양보험의 재정 기반을 강화하기 위해서는 기존 보험료의 인상을 억제하면서 소비세 증세와 함께 젊은 세대의 요양보험 가입을 의무화하도록 제언한다.

미디어와 여론의 지적이 잇따르자 후생노동성은 2009년 초에 실직자를 요양서비스 요원으로 전환하기 위한 프로젝트팀을 발족했다. 당면 대책은 요양보호사의 자격 취득을 국비로 지원하고, 미경험자를 고용한 사업소에 일인당 50~100만 엔을 지원하는 등이다. 또한 2009년부터는 '간병 보수'의 3% 인상도 결정했다. 그러나 이 정도로는 미흡하다.

한국에서도 "효의 품앗이"라는 구호를 내걸고 2008년 7월부터 '노인장기요양보험제도'가 시행되었다. 대상은 65세 이상 노인과 중풍·치매 등 노인성 질환을 앓는 65세 미만 환자들이다. 요양보험으로부터 지출은 기존 건강보험이 60~65%, 정부와 자치체가 20%, 수혜자 본인이 14~20%를 부담한다. 이 제도 덕분에 거동이 불편한 노인들이 요양시설이나 방문요양서비스 등을 통해 큰 도움을 받게 되었다. 하지만 2009년 여름 현재 65세 이상 노인 513만 7000여 명 가운데 5% 정도만 요양급여를 이용할 수 있고, 본인 부담 비율도 저소득층 노인에게는 힘에 버거울 정도로 높다.

고용 면에서는 일본과 마찬가지로 이 제도가 시행된 후 요양보호사가 1년 사이 10만여 명 늘었다. 복지와 일자리라는 '두 마리 토끼'를 한꺼번에 잡겠다는 정부 정책이 어느 정도 가시적인 효과를 거둔 것이다. 그러나 요양보호사들은 대부분 파견·시간제·기간제 등 비정규직으로, 급료도 월 80만 원가량이다. 정부가 마구잡이로 허가한 민간 요양시설이 예상보다 7배나 난립하고, 상호 경쟁이 치열해지면서 업체가 수익 보전을 위해 인건비를 줄였기 때문이다. 그 결과 "고용 불안과 저임금 ↔ 복지서비스의 질적 저하"라는 악순환이 되풀이되고 있다 (「한겨레신문」 2009년 7월 16일자 "'양적 팽창' 복지 일거리, 고용불안·저임금 여전"을 참조함).

불황 속에 실직의 고통을 겪는 많은 사람들과, 열악한 근로조건에 신음하며 전직을 꾀하는 복지서비스 종사자들. 한·일 양국이 같은 문제를 안고 있다. 안정적인 고용을 창출하는 복지요양산업으로 발전시킬 양수겸장의 묘안은 없을까? 소비세 증세와 젊은 세대의 가입을 통해 요양보험의 재정 기반을 확충하자는 아사히의 제언은 곱씹어 볼 가치가 있다.

연금은 세금과 보험료의 이원제로

❖ 기초연금을 전액 세금만으로 충당하는 건 비현실적이다.

❖ 세금은 연금보다 의료와 노인 요양 쪽에 우선적으로 투입하자.

노후를 떠받쳐 줄 연금을 어떻게 개혁할 것인가? 2회로 나누어 생각해보자.

1942년 후생성의 연금제도가 시행된 후 어언 66년이 지났다. 현재는 약 7000만 명이 보험료를 납부하고 약 3000만 명이 연금을 수령한다. 수령 총액은 43조 엔에 이르며 고령자가 얻는 총수입의 70% 정도를 차지한다. 개중에는 연금 외에 다른 수입원이 없는 사람도 60%나 된다. 하지만 그런 기초연금의 신뢰도가 지금 흔들리고 있다. 연금 보험료를 징수하는 사회보험청이 연금기록을 엉망으로 관리해 온 탓이다.[*]

[*] **연금기록 문제**_사회보험청은 1997년부터 기초연금을 비롯한 각종 연금 제도에 등록된 개인 번호를 하나로 통일하는 작업에 착수했다. 그런데 기록 누락으로 보험료 납부 사실을 확인할 수 없거나 아예 기록 자체가 없어져

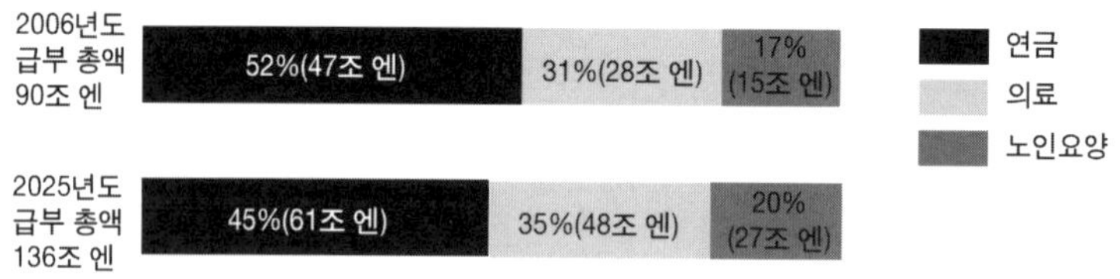

(후생노동성 2006년 5월 추산에서 발췌)

　　보험료를 분명히 징수하고 그 사실을 정확하게 기록해놓지 않으면 연금제도는 성립될 수 없다. 사회보험청은 2년 후에 새로운 조직으로 바뀌는데,* 그때까지는 기존 조직의 체질을 뿌리부터 재점검하여 징수와 문서관리를 올바르게 할 수 있는 체제를 만들어야 한다. 그것이 모든 개혁의 대전제다. 그런 다음에 안심할 수 있는 연금제도로 재탄생하기 위해 어떤 변화

버린 것이 5000만 건에 이른다는 사실이 2007년 드러났다. 이를 계기로 전부터 문제가 많던 보험료 징수와 사회보험청에 대한 국민의 불신이 가중되고 2004년부터 착수한 연금제도 개혁에 대해서도 여론이 일거에 악화되었다.

＊ 사회보험청 개혁_사회보험청은 정부가 관장하는 보험과 연금 사업 등을 관리 운영하는 주무 기관이다. 하지만 근년 들어 묵은 비리가 연달아 밝혀지면서 국민의 신뢰를 완전히 잃어버렸다. 이에 일본 정부와 자민당은 사회보험 개혁의 일환으로 2008년 10월 건강보험의 운영을 위해 새로 전국건강보험협회를 설치했다. 또한 2010년 4월부터 사회보험청을 폐지하고 그 대신 공공법인체인 일본연금기구를 설립하여 후생노동성의 업무와 감독권을 위임하는 법안도 통과시켰다.

(사회보험청은 2009년 말로 폐지되고 2010년 1월 1일부터 일본연금기구가 발족되었다. 그러나 현재의 집권 여당인 민주당은 야당 시절부터 보험료와 세금을 함께 징수하는 세입청[稅入廳] 설립을 주장해 왔으므로 일본연금기구도 곧 폐지될지 모른다. 여하튼 사회보험청에 대한 불신으로 인해 60%대까지 떨어진 국민연금의 보험료 납부율을 조기에 회복시키는 것이 문제의 관건이다.)

가 필요할까?

　개혁의 방향에는 크게 두 가지 선택지가 있다. 현재와 같이 가입자로부터 징수하는 보험 방식을 토대로 개혁을 진행할 것인가? 아니면 기초연금은 보험료 징수를 중단하고 전액 세금으로 충당하는 방식으로 전환할 것인가? 경제계는 후자와 같은 세금 방식으로 바꿀 것을 주장하며, 「니혼게이자이신문」도 지난달(2007년 1월)에 세금 방식을 제안했다. 민주당도 세금을 재원으로 한 최저보장연금을 제안한다. 이 방식이라면 현재 340만 명이나 되는 '미납·미가입' 문제가 자연스럽게 해소된다. 게다가 보험료를 징수할 필요도 없어지므로 사회보험청의 업무가 반으로 줄어든다. 이런 점이 세금 방식의 큰 장점이다.

　그러나 세금 방식으로는 극복하기 어려운 문제점도 분명히 존재한다. 고통스러운 선택이긴 하지만 보험 방식을 유지하면서 개혁을 진행시키는 전자 쪽이 보다 현실적이라고 우리는 믿는다. 가장 큰 이유는 사회보장의 미래상을 전체적으로 내다봤을 때 무엇보다 의료와 노인 요양에 우선적으로 세금을 투입하지 않으면 안 된다는 점이다. 그래프를 보자.

　사회보장에 필요한 총비용 가운데 연금이 차지하는 비율은 점점 줄어들며, 반대로 의료와 노인 요양은 증가하는 추세가 될 게 분명하다. 그리고 예측할 수 없는 위험에 대비하기 위한 의료와 노인 요양은 노후 생활을 든든하게 받쳐줄 버팀목이므로 세금을 통해 사회 전체가 공동으로 책임지는 것이 합당하다.

　고령화로 인해 의료와 노인 요양을 현 수준으로 유지하는 것만으로도 20년 후에는 지금보다 30조 엔 이상 비용이 더 든다. 그 재원은 보험료와 세금이 될 수밖에 없는데, 필요한 세금 부족분을 소비세로 충당한다면 지금보다 6~7% 정도의 증세를 피할 수 없을 것이다. 앞으로의 증세는 우선 이러한 분야에 투입해야만 한다.

만약 세금 방식을 선택하여 기초연금을 전액 세금으로 꾸린다면 정부 경제재정자문회의의 시산으로는 그 예산만해도 5~7%의 소비세 증세가 필요하다고 한다. 의료와 노인 요양을 위한 부담 증가에 연금마저 합세한다면 소비세 인상 폭은 가볍게 10%를 넘어선다. 아무리 복지를 위해서라지만 이 정도의 대폭적인 증세를 국민이 과연 받아들일까?

물론 기초연금을 세금 방식으로 바꾸면 연금 보험료를 내지 않아도 되기 때문에 계산상으로 국민이 부담할 전체 금액은 변하지 않는다. 단지 최근 30년간의 경험에 따르면, 부담이 바로 급부 혜택으로 이어지는 보험료 인상에 비해 증세에 대해서는 국민적 거부감이 아주 강하다. 그 점을 감안하면 보험료를 죄다 세금으로 전환하기는 어렵지 않을까? 현행 기초연금의 재원은 3분의 1이 세금인데 2009년도에는 2분의 1선까지 올리게 되어 있다. 연금에 대한 세금 투입은 그 정도로만 해두고, 앞으로는 연금을 세금과 보험료의 이원제로 꾸려가는 것이 현실적이다.

세금 방식으로의 전환은 이 밖에도 몇 가지 큰 문제가 있다. 첫째는 지금까지 보험료를 착실히 납부해 온 사람과 납부하지 않은 사람의 형평성을 어떻게 할 것인가라는 점이다. 예를 들어 이미 보험료를 전액 납부한 연금 수급세대의 경우, 장차 연금 재정을 위해 소비세율을 인상하면 이중적인 지불을 강요당하는 셈이 된다. 또한 보험료를 납부하지 않아서 연금 혜택을 받을 수 없는 노인의 입장에서는 증세된 금액만큼 세금만 더 내는 손해를 입을 수도 있다. 이와 같은 부당함을 피하기 위해 전자에게는 연금 지급액을 늘리고 후자를 위해서도 그에 합당한 조치를 취한다고 하면 더욱 더 많은 재원이 필요하게 된다.

둘째는 지금 연금 보험료를 납부하고 있는 현역 세대의 경우, 세금 방식으로 전환하면서 그간의 보험료 납부 실적에 따라 장차 받게 될 연금에 차등을 둔다면 이들이 연금을 전부 수령할 때까지 앞으로 40년 이상이나 걸린다. 즉, 세금 방식으로 전환한다 해도 '미납·미가입'에 수반된 각종 문제가 바로 해결되지는 않는다는 것이다.

셋째로 그동안 기업이 사원복지를 위해 절반씩 부담해 온 연금 보험료를 세금 방식으로 전환해서 어떻게 할는지도 큰 문제다. 차제에 부담을 덜고 싶은 것이 경제계의 속내인 듯하나, 사회연대의 중요한 한 축인 기업이 빠져 버리면 사회보장은 지탱할 수 없다. 그렇다고 보험료를 대신할 새로운 세금을 만들어 기업에게 징수를 의무화할 수 있을까?

위와 같이 연금제도의 개혁에 대해서는 보험 방식과 세금 방식 어느 쪽을 취하든 장단점이 있다. 그렇다면 소비세 증세로 늘어난 세금은 노후를 지탱할 또 하나의 기둥인 의료와 노인 요양에 우선적으로 투입하자. 그런 후에 연금 보험료도 증세로 대치하면 좋겠다는 국민적 합의가 모아지면 그때 가서 세금 방식으로 바꿔도 되지 않을까?

남은 과제는 현재의 보험 방식을 토대로 하여 연금제도를 어떻게 개혁할 수 있을까라는 점이다. 다음 호에서는 이에 대한 우리의 안을 제시해 보겠다.

일본 정부와 자민당은 2004년 연금제도 개혁에 착수할 때 "현역세대가 얻는 수입의 50%를 연금으로 확보할 수 있게 하겠다"라는 공약을 내걸었다. 2009년 초 후생노동성은 연금의 현재 재정 상황을 점검하여 장기 전망을 공표했다. 이에 따르면 현역세대의 평균 수입에 대해 예측되는 연금 수준 즉, 소득대체율이 2009년 62.3%에서 차츰 하락하여 2038년도에 50.1%가 되지만 그 이상은 내려가지 않을 것이라고 한다. 그러나 이것은 연금 적립금을 운용한 이자율을 4.1%로 계산하는 등 상당히 낙관적인 예상을 거듭한 수치며, 예측이라기보다 희망 목표치에 가깝다.

연금으로 50%의 소득대체율을 유지한다는 것은 쉽지 않은 목표다. 게다가 일본 국민이 느끼는 불안은 그 비율을 지킬 수 있을까라는 문제가 아니고, 연금제도의 재정 기반 자체가 붕괴하지 않을까 하는 근원적인 불안감이다.

아사히는 고령화가 진전됨에 따라 의료와 노인 요양을 위해 소비세 증세가 불가피하다는 점을 거듭 주장한다. 그런데 만약 연금재정을 강화하기 위해 연금 보험료까지 전액 세금 방식으로 돌리면 국민의 세 부담이 지나치게 무거워진다. 따라서 당분간 기초연금의 재정 기반은 현재와 같이 보험료와 세금을 병행하는 방식을 유지하자고 제언한다.

일본에서 연금제도 개혁을 둘러싸고 현행 보험 방식을 토대로 한 일부 개선책과 세금 방식으로의 전환이 팽팽히 대립한 지 많은 시간이 흘렀다. 때문에 최근 일각에서는 1999년부터 실시된 '스웨덴 방식'에 주목하기도 한다. 스웨덴의 연금제도는 본인이 납부한 보험료에 따라 노후에 받는 연금 액수가 달라지는 소득비례제가 중심이다. 다만, 저소득층에게도 최소한의 문화생활을 보장할 수 있도록 연금의 일부를 세금으로 보전하는 최저연금제도 병행하고 있다.

유럽연합의 계산으로는 '스웨덴 방식'을 유럽연합권 전체로 확대할 때 총 GDP 대비 연금부담이 2004년 11.5%에서 2050년에는 14.1%로 불과 3% 이내의 소폭 상승에 그친다고 한다. 현실적으로 충분히 고려할 만한 가치가 있는 것이다.

한국의 현 정권은 '작은 정부'와 '감세 정책'을 통한 시장경제의 활성화를 정책 기조로 삼고 있다. 그래서 국가가 아닌, 민간시장을 중심으로 한 복지정책을 추구한다. 하지만 주로 저소득층의 노후를 보호하기 위한 연금제도는 복지의 시장화, 부유층에 대한 감세 정책으로는 도저히 감당할 수 없다. 국가가 더 큰 책임을 지고 증세와 보험료 부담을 국민에게 호소함으로써 연금재정의 기반을 강화하지 않으면 안 된다.

파트타이머와 파견 근로자도 후생연금에 가입을

❖ 샐러리맨 가정의 전업주부도 보험료를 납부하자.

❖ 연금 수입이 적은 사람은 생활보호를 쉽게 받을 수 있도록 하자.

연금은 세금에만 의존하지 말고 보험 방식을 기본으로 하자. 지난 호에서는 이렇게 제언했다. 문제는 국민연금의 보험료를 납부하지 않는 미납자와 미가입자를 어떻게 줄일까 하는 점이다. 우선 파트타이머나 파견 근로자로 일하는 사람들 중 현재 후생연금의 가입 대상자가 아닌 약 1200만 명을 후생연금에 가입시키자고 제안하고 싶다. 이 사람들 중에도 미납자·미가입자가 많기 때문이다. 후생연금의 가입 대상을 확대함으로써 각종 연금의 통합을 추진하고 실질적으로 일원화하자는 것이다.

비정규직 근로자를 후생연금에 가입시키는 데는 경제계의 저항이 강하다. 기업이 근로자 본인과 보험료를 절반씩 부담해야 하기 때문이다.

하지만 사람을 고용해서 사업을 하는 이상, 설령 정사원이 아니더라도 종업원들의 장래를 위해 응분의 부담을 떠안는 것은 기업의 사회적인 책임이다. 그런 의식을 정착시켜야 한다. 유럽에서는 이미 상식적인 일이다.

일단 사람을 고용하면 어떤 형태의 고용이든 반드시 후생연금에 가입해서 급료로부터 공제하는 보험료와 기업이 부담하는 보험료를 한꺼번에 납부한다. 이런 제도를 만들면 기업으로서도 지금처럼 비정규직 고용에 의존하는 '재미'가 줄어든다. 따라서 비정규직 고용을 억제하고 정규직을 늘리는 효과도 기대할 수 있다.

중소 영세기업에게는 새로운 보험료 부담이 무거운 짐이 될 게 분명하다. 그렇지만 이 부분을 감내하면 종업원들의 일에 대한 의욕과 기업의 활력을 북돋울 수 있다. 연금제도를 바꿀 때는 기업의 재정적 부담을 완화해 주기 위해 법인세를 경감하는 등의 지원책을 도입하면 어떨까?

이런 개혁이 실현되면 파트타이머로 일하는 주부는 모두 후생연금에 가입하게 된다. 현재 샐러리맨 가정의 전업주부에게는 국민연금의 보험료를 납부하지 않아도 연금이 지급되는 '제3호 피보험자제도*'가 적용되고 있다. 보통은 파트타이머로 일하는 주부에게도 이 제도가 적용되므로 그들이 후생연금으로 옮겨 가면 제3호 제도의 수혜 대상자가 크게 줄 것이다.

---

* **제3호 피보험자제도**_제1호 피보험자는 국민연금에만 가입한 자영업자·프리랜서·무직자를, 제2호 피보험자는 후생연금에 가입한 샐러리맨이나 공무원을 뜻한다. 1986년 제정된 '제3호 피보험자제도'는 경제 능력이 없어서 제2호 피보험자에게 부양받는 20세 이상 60세 미만의 배우자도 국민연금의 혜택을 받을 수 있도록 한 제도다. 비율상 그 99%가 여성이므로 보통은 대상자를 전업주부로 이해한다. 원래 파트타이머로 일하는 주부는 이 대상에서 제외되지만, 연 수입이 130만 엔 미만일 경우 이 제도의 적용을 받을 수 있다.

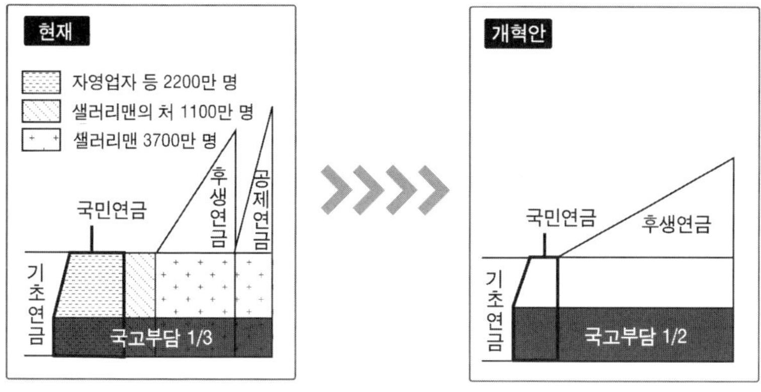

(출처: 아사히 제공)

　정규직으로 근무하는 여성이 제3호 제도의 혜택을 받는 여성에 비해 불리하다는 비판도 강하다. 따라서 대상자가 줄면 제3호 제도를 아예 폐지하는 편이 바람직하다. 그밖에 일정한 수입이 없는 전업주부에게는 국민연금을 적용하되, 회사가 남편의 후생연금 보험료와 함께 부인의 국민연금 보험료도 급여에서 공제하여 납부하도록 하는 것도 하나의 안이다.

　그림을 보자.* 위와 같이 후생연금의 가입자 수를 점차 늘려 가면 국민

---

* **기초연금·국민연금과 후생연금·공제연금**_기초연금은 각종 공적 연금제도의 기초로서 공통적으로 급부되는 연금을 의미한다. 노령기초연금(노령연금)·장해기초연금(장해연금)·유족기초연금(유족연금)으로 나눠지며, 흔히 '기초연금'이라 부르는 것은 노령기초연금을 가리킨다. 이것은 국민연금에 가입한 후 보험료 납부기간 혹은, 면제 기간이 25년 이상이며 원칙적으로 65세 이상인 사람에게 급부한다. 예컨대 40년간 가입해서 매월 보험료를 납부한 경우 2007년 현재 월 6만 6008엔의 노령기초연금이 지급된다.

국민연금은 원래 후술하는 후생연금보험법의 적용을 받지 않는 일반 국민을 가입 대상으로 하여 1959년 창설된 연금제도이다. 1986년 소위 '2층식' 연금제도(=국민연금을 각종 공적 연금의 기초연금으로 하고, 재직 중 보수를 바탕으로 산정된 후생연금 및 공제연금의 액수를 거기에 덧붙여 급부하

연금 대상자는 반으로 줄고 거의 자영업자만 남게 된다. 그러면 연금 징수 업무에도 지금보다 더 공을 들일 수 있다. 고소득 미납자를 철저히 추적하여 강제 징수에 여력을 쏟아도 좋을 것이다. 반대로 정말 소득이 적어서 보험료를 납부하지 못하는 사람들에게는 면제 혜택을 세심하게 배려할 수도 있다.

아울러서 보험료를 25년 이상 납부하지 않으면 기초연금을 받을 수 없는 현재의 제도는 개선하자. 25년은 너무 길다. 이 높은 장애물이 미납자를 늘리는 주된 요인이고 사회적 불공평도 조장하기 때문이다.

그러나 아무리 이런 식으로 개혁해도 연금 액수가 적은 사람, 전혀 연금을 못 받는 사람을 완전히 없앨 수는 없다. 연금을 세금으로 충당하는 세금 방식과 비교했을 때 최대의 약점이 바로 이 부분이다. 이를 보완하기 위해 예를 들어 저연금자에게는 생활보호제도*의 혜택을 보다 쉽게 받을 수

는 제도)가 발족하면서 그 아래층을 담당하는 각종 공적 연금제도의 공통 부분이 되었다.

후생연금은 1944년부터 후생연금보험법에 의해 시행된, 정부가 관장하는 사회보험이다. 상시 5인 이상의 사업소 또는 법인체의 종업원에게 노령연금·장해연금·유족연금 등을 급부하기 위한 제도다. 1986년도 이후의 '2층식' 연금제도하에서는 노령후생연금 등 기초연금의 2층에 해당하는 부분을 급부한다. 한편, 공제연금은 공적 연금인 국가공무원공제조합·지방공무원공제조합 등의 장기 급부를 의미한다. 후생연금과 마찬가지로 퇴직공제연금 등 '2층식' 연금제도의 2층 부분을 급부한다.

* **생활보호제도**_생계가 곤란한 국민에 대해 최소한의 건강과 문화적인 생활을 보장하고 자립을 지원하는 것을 목적으로 하는 제도다. 생활보호 급부에는 생활·주택·교육·노인 요양·의료·출산·생업·장례비 등 8가지가 있다. 지원 금액은 세대 구성이나 지역에 따라 차이가 있으며, 최저생계비에서 현재의 수입을 뺀 차액을 지급한다. 예를 들어 수입이 전혀 없는 독거노인에게는 생활 부조로 2008년 기준 최저 월 8만 820엔이, 모자 2인 가족에게는 최저 월 16만 6160엔이 지원된다.

생활보호제도는 부의 재분배와 함께 자립의 지원을 통해 사회적으로 일자

있도록 검토하면 어떨까? 그런 후에 자영업자들의 소득을 확실하게 파악할 수 있는 조건을 정비하고, 나아가서 전 국민이 후생연금에 가입하는 것을 목표로 삼자. 이것을 실현할 수 있다면 연금제도의 일원화가 완성된다.

끝으로 제도 개혁과는 별개로, 과연 장래에도 지금과 같은 수준의 연금을 유지할 수 있을까라는 자금면의 문제가 남아 있다. 정부는 노사가 함께 부담하는 후생연금의 보험료 합계를 급료의 18.3%까지, 그리고 국민연금 보험료는 월 1만 6900엔까지 단계적으로 인상하여 그쯤에서 고정시키기로 결정했다. 이러한 보험료 수입에다 국고 부담금과 그 간의 적립금을 연금 재원에 추가하여 그 범위 내에서 국민들이 받을 연금 액수를 정하자는 것이다.

후생연금의 수급액은 지금으로서는 현역으로 근무할 당시 받던 세후 수입 평균의 약 60% 수준이다. 고령화가 진전됨에 따라 이 비율은 낮아질 수밖에 없지만 그렇다 하더라도 현역 때의 50% 남짓은 확보할 수 있다는 게 정부의 설명이다.

과연 정부의 계획대로 될 수 있을까? 수급 비율이 더 낮아지지는 않을까? 이 점은 앞으로의 경제성장과 출산율의 회복 정도에 달려 있다. 그런 현상이 어느 정도 가시화될 십 수년 후에 만약 50%를 밑돌 것 같으면 65세 이상으로 정해진 수급 연령을 더 높여야 할지, 아예 수급 수준을 낮출 것인

리 창출의 효과도 있다. 그러나 신청절차가 복잡하고 선정되기도 어려워 많은 문제가 발생한다. 실제로 2007년 2월 기타큐슈시에서는 당시 56세의 독거 남성이 생활보호를 신청하려 했지만 신청서조차 받아주지 않아 끝내 아사한 사건이 발생하기도 했다.

지, 이도저도 아니라면 보험료를 인상해야 할지 어려운 선택이 불가피하
다. 안정적인 경제성장과 차세대 육성, 이것이야말로 앞으로의 연금제도
를 지탱할 열쇠다.

기업의 사회적 책임

풍족하진 않더라도 모든 사람에게 평온한 노후를 보장하는 최소한의 사회안전망이 연금이다. 일본의 경우 이런 연금제도를 뒤흔드는 주요 현안은 보험료 미납자와 미가입자가 너무 많다는 점이다. 2009년 현재 국민연금 보험료의 납부율은 60%대에 불과하다고 한다.

아사히는 약 1200만 명에 달하는 파트타이머와 파견 근로자 등 비정규직도 후생연금에 가입하도록 연금제도를 개혁하고, 지금으로서는 '제3호 피보험자 제도'에 의해 보험료를 납부하지 않아도 기초연금을 받을 수 있는 전업주부에게도 국민연금 보험료를 부과하자고 한다. 그리하여 궁극적으로는 3호 제도를 폐지하고 기초연금과 후생연금을 토대로 한 연금제도의 실질적인 일원화를 달성하자고 제언한다.

아사히의 안에 따르면 회사는 비정규직 종업원들을 위해 후생연금 보험료의 절반을 부담해야 한다. 또 정규직·비정규직을 막론하고 사원의 부인을 위한 국민연금 보험료도 급여 공제라는 형식을 취하지만 결국은 회사가 이를 부담해야 한다. 그러므로 이 안이 현실화되려면 기업의 강렬한 책임의식과 전폭적인 참여가 반드시 필요하다. 기업이 종업원의 삶에 대해 상당 부분 책임을 지는 것은 당연한 일이다. 하지만 다수의 중소 영세기업에게는 법인세 감면만으로 감당하기 힘든 가혹한 요구가 아닐까? 이런 기업을 구제하기 위해서는 회사 규모와 경영 사정에 따라 보험료 납부액에 차등을 두는 등 제도의 유연성을 꼭 보완해야 할 것이다.

한국의 경우, 연금 보험료의 미납자와 미가입자가 많다는 점은 일본과 동일

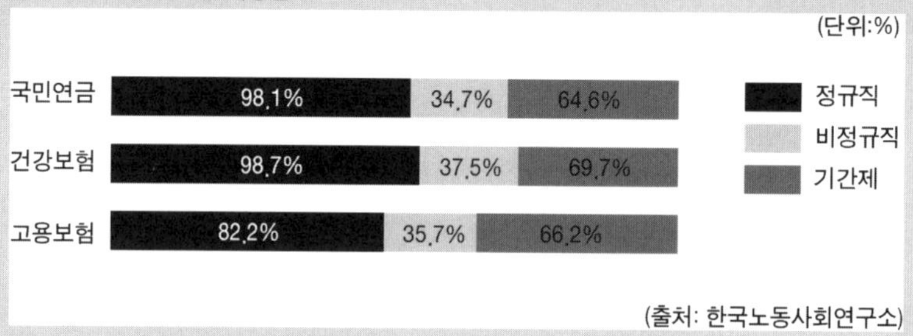

하다. 그중에서도 문제가 심각한 것은 비정규직의 보험 가입률이다. 2009년 현재 정규직의 사회보험 가입률은 국민연금 98.1%, 건강보험 98.7%, 고용보험 82.2%에 이르는 반면, 비정규직은 각각 34.7%, 37.5%, 35.7%로 그 절반에도 못 미친다. 게다가 이들은 만성적인 고용 불안에 떨고 있다. 이런 현실을 방치하면서 한국 사회의 안정적인 성장을 논할 수는 없다.

메이지유신 이후 근대 일본의 기업가들에게는 이윤 추구와 함께 기업이 국가와 사회를 책임져야 한다는 인식이 강하게 뿌리내렸다. '일본 자본주의의 아버지'라 칭송받는 시부사와 에이치(渋沢栄一, 1840~1931)도 늘 '논어와 주산'을 강조함으로써 기업의 채산성과 사회공헌을 양립시키고자 노력했다고 한다. 이런 기업가 정신이 한때 일제 침략정책의 배경이 되었으며, 패전 후 고도성장기에는 긍정적 요소로써 작용하기도 했다. 그러나 식민통치하에서 기업의 사회관이 정착할 기회를 갖지 못하고 광복 후도 격심한 부침을 겪어 온 우리의 기업문화에서는 사회에 대한 봉사와 책임의식이 극히 희박한 것으로 보인다.

최근 '깨어 있는 자본주의'에 대한 국제 사회의 요구가 높아지면서 일부 국내 기업도 투자·일자리 창출·시장의 신뢰 회복 등 사회적 책임에 대한 자각이 일고 있다. 늦었지만 지금이라도 정부와 전경련·중소기업중앙회 등 관련 단체가 앞장서서 기업의 사회적 책임에 대한 공감대를 확산시켜 나가야 할 것이다.

'일하는 빈곤층'의 자립을 위해

❖ '취업빙하기' 세대에게 세컨드 찬스를 부여하자.
❖ 일자리 제공은 기업의 책임이다. 일해서 먹고살 수 있게 해주자.

일을 해도 수입이 너무 적어서 끼니를 잇기 힘든 워킹푸어working poor 즉, '일하는 빈곤층'이 늘고 있다. 그 배경에 도사린 것은 경제의 글로벌화다. 다니는 공장이 언제 신흥개발국으로 이전할지 모른다. 바야흐로 일본의 근로자들이 바다 건너 외국의 싸고 풍부한 노동력과 경쟁해야 하는 시대가 도래했다. 설상가상으로 '거품 붕괴' 이후의 불황에서 탈출하기 위해 기업은 사원을 마구 해고하고 임금 삭감에 박차를 가해 왔다.

그리하여 연 수입 200만 엔 이하인 사람이 1000만 명을 넘어섰다. 근로자 3명 중 1명꼴인 약 1700만 명은 비정규직이다. 방세를 내지 못해 인터넷 카페(=좁은 공간이 개개인에게 부여된 PC방)에서 먹고 자는 사람이 많고, 특히 그중에는 젊은 층이 눈에 띄게 늘었다. 사회를 굳건히 떠받쳐야 할 젊은이들이 자신의 생계조차 꾸리지 못한다. 이것이 우리가 꿈꾸던 사회였던가? 이 상태로 고령자까지 늘어나면 전혀 손도 못쓰게 된다. 빈부 간 계층 분열이 심화되어 사회의 기반을 뒤흔들지도 모른다. 요즈음의 사태는 그런 두려움마저 느끼게 한다.

우려가 현실이 되지 않도록 지금부터 조치를 취하지 않으면 안 된다. 여기서는 우리가 주력해야 할 세 가지 방안을 제시하고 싶다.

첫째는 고용을 안정시키고 최저 생활수준을 끌어올려야 한다. 노동규제를 재정비하여 지금과 같은 불안정한 고용을 억제하고, '동일 노동, 동일 임금'이라는 균등한 대우를 지향하자. 비정규직도 고용보험과 후생연금에 가입시키자고 우리는 앞서 제안했다. 이제 한걸음 더 나아가서, 일을 해도 생계가 어려운 현재의 최저임금*을 인상하자. '노동자파견법'**

* **일본의 최저임금제**_1961년 제정된 '최저임금법'에 근거한 제도로서, 2008년 개정을 거쳐 새로운 최저임금제가 전국적으로 발효되었다. 일본열도를 10개 권역으로 나눈 권역별 최저 시급의 평균은 다음과 같다.

지역별 최저시급 평균			(단위: 엔)
홋카이도(北海道)	667	긴키(近畿)	703
도호쿠(東北)	635	주고쿠(中国)	655
간토(関東)	710	시코쿠(四国)	636
신에쓰·호쿠리쿠(信越·北陸)	673	규슈(九州)	634
도카이(東海)	709	오키나와(沖縄)	627
전국 평균			703
전국 최고시급		도쿄(東京) 가나가와(神奈川)	766
전국 최저시급		미야자키(宮崎) 가고시마(鹿児島) 오키나와(沖縄)	627

** **노동자파견법**_정식 명칭은 '노동자 파견사업 적정 규모의 운영 확보 및

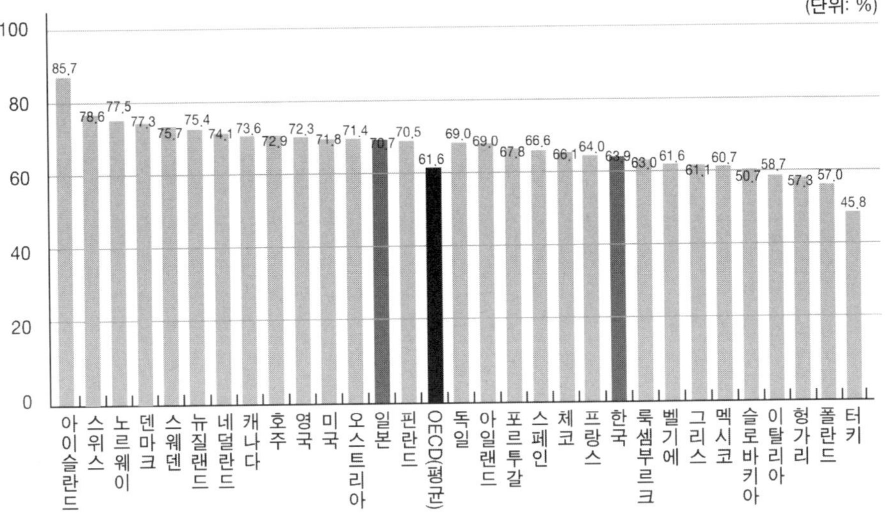

을 재개정하여 일용직과 같은 비정상적 고용 형태를 줄이자.

이것들은 일차적으로 기업이 책임질 일이다. 그러나 한편으로 기업에 큰 부담을 안기는 일이기도 하다. 따라서 지나치게 기업을 몰아붙여 보다 중요한 고용 자체가 줄지 않도록 신중히 진행시킬 필요가 있다. 힘든 와중에도 문제점을 대폭 개선한 회사에는 법인세를 감면하는 등의 지원책도 마련해야 한다.

파견 노동자 취업조건 정비 등에 관한 법률'로 1986년부터 시행되었다. 원래는 파견 근로자를 고용할 수 있는 업종이 단순 사무직으로만 제한되었으나, 1999년의 개정으로 대상 업종이 크게 확장되면서 쉽게 고용하고 쉽게 해고할 수 있는 제도적인 틀이 마련되었다. 2005년 고이즈미 정권하의 재개정에서는 거꾸로 비(非)대상 업종을 한정한 결과, 거의 대부분 업종에서 파견 근로자 고용이 가능해짐으로써 비정규직 양산의 일대 계기가 되었다.

빈곤층 가운데도 더욱 절실히 배려가 필요한 쪽은 불황이 한창인 때 사회로 진출한 지금 20대 중반에서 30대에 해당하는 소위 '취업빙하기' 세대다. 그들 중 상당수는 아직도 여전히 안정적인 직장을 갖지 못하고 있다. 이 연령층이 적어서 인적 구성의 균형이 무너진 회사도 많다. 그렇다면 그들을 경력 사원으로 중도 채용할 방법은 없을까? 특히 정부와 지방자치체가 솔선해서 채용해 주면 더할 나위 없을 것이다.

비정규직의 대우를 균등히 하자면 정규직 사원의 급료가 삭감될 수도 있다. 또한 최저 임금을 끌어올리면 물가상승이란 부메랑으로 되돌아올지도 모른다. 고통스러운 일이지만 사회를 건강하게 지키기 위해 치러야 할 피치 못할 비용으로 받아들일 수밖에 없다.

둘째는 빈곤층의 생활을 지원함과 동시에 자립도 촉진해야 한다. 불안정한 저임금 노동이 확산된 결과 가족이나 친척, 친구를 의지할 수 없게 된 사람도 많다. "어딘가에서 한 번 넘어지면 바닥까지 굴러 떨어지고 만다. 지금의 일본은 미끄럼틀 사회다." 빈곤 문제에 온몸으로 맞붙은 NPO법인의 사무국장 유아사 마코토 씨*는 그렇게 느낀다. 벼랑으로 미끄러진 사람에게는 재빨리 손을 내밀어 다시 직장을 구해서 자립할 수 있도록 지원하는 일이 중요하다. 빈곤한 생활이 길어질수록 재출발이 어렵기 때문이다.

그런 의미에서 생활보호제도의 운영을 재검토해야만 한다. 지금 상황

---

* **유아사 마코토(湯浅誠)**_1969년생. NPO 법인 '자립생활지원센터 '모야이" 의 사무국장으로 빈곤 퇴치를 위한 활동을 정력적으로 펼치고 있다. 특히, 빈곤의 책임이 가난한 본인에게 있다고 주장하여 사회의 책임을 무시하는 '빈곤자기책임론'을 강하게 비판한다. 저서로는 『あなたにもできる！本当に困った人のための生活保護申請マニュアル』, 同文舘出版, 2005; 『貧困襲来』, 山吹書店, 2007; 『反貧困: すべり台社会からの脱出』, 岩波新書, 2008 등이 있다.

에서는 자격요건이 까다로워 경제활동이 가능한 현역 세대가 실직했을 때 수급 대상으로 인정받기가 참으로 어렵다. 부정 수급을 배제하는 것은 당연하다. 그렇지만 정말 곤란한 상황에 처해 있는 많은 사람들은 신속히 급부금을 지원하여 자립으로 이끌어야 한다.

도쿄도청에는 최근 인터넷 카페 '난민'으로부터 쉴 새 없이 전화가 걸려 온다. 방을 빌릴 때 60만 엔까지 무이자로 융자하는 제도를 곧 시작하기 때문이다. 방 구하기를 도와주거나 취업 상담에 응하는 등 빈곤 문제에 종합적으로 대처할 방침이라고 한다. 자립할 때까지 임시로 살 수 있는 공영 기숙사를 늘리는 것도 한 방법이다. 취업을 위해서는 우선 생활지도부터 시작해야 하는 경우도 있을 것이다.

자립을 위한 지원은 많은 시간과 노력이 든다. 하지만 빈곤을 줄일 수 있느냐 없느냐는 바로 여기에 달렸다.

취업할 때든 하고 나서든 업무 능력 향상을 위한 노력을 소홀히 해서는 안 된다. 이것이 세 번째 방안이다. 경제의 소프트화가 진척되어 구성원의 지적 능력이 경제발전을 좌우하는 시대가 되었다. 신흥개발국의 근로자들보다 높은 지적 능력을 갖추지 못하면 이들 국가의 저임금 노동력에 일자리를 내줘야 하는 것이 글로벌 경제의 숙명이다.

이런 업무 능력 향상은 그동안 기업이 많은 부분을 담당했다. 그러나 이미 종신고용이 무너지고 전직이 일반화된 현재로서는 비정규직이나 실업 상태인 사람까지 포괄해서 개인 능력을 높일 수 있는 사회적인 시스템을 충실히 정비하지 않으면 곤란하다. 일본보다 먼저 청년실업 문제를 호되게 겪은 영국의 경우도 잘 알려진 대로 직업훈련에 많은 힘을 쏟았다.

가난 때문에 훈련조차 받기 어려운 사람에게는 훈련기간 동안의 생활비를 지원하는 일도 필요하다. 세심하게 자립과 능력 향상을 지원하는 것은 지역정부의 몫일 것이다. 인재가 자라면 기업에 큰 힘이 된다. 그래서 급료가 오르면 자연히 소비가 늘어나 매상도 증가한다. 당분간은 비용이 부담스럽지만 결과적으로는 사회 전체에 커다란 이익을 가져다 줄 것이다.

일본은 신흥개발국의 추격에 전전긍긍하고 있다. 하지만 그런 일본도 얼마 전까지는 구미 선진국들을 뒤쫓는 입장이었다. 당시 구미 국가들은 어떤 방법으로 그 난국을 타개했을까? 그들의 노력과 성과를 학습하며 눈앞에 가로놓인 새로운 빈곤을 극복해 가자.

<h1 style="text-align:right">청년실업과 국가경제의 활력</h1>

일본의 비정규직자 수는 전체 근로자의 3분의 1을 차지한다. 2009년 후생노동성의 『노동경제백서』에 따르면 20~24세 정규직 근로자의 평균 연 수입은 245만 엔, 같은 연령대의 비정규직은 107만 엔으로 2배 이상 차이가 난다. 그런데 50~54세에서는 정규직 551만 엔에 대해 비정규직 108만 엔으로 무려 5배 이상 차이가 벌어지며, 비정규직은 나이가 들어도 수입에 거의 변화가 없다. 그들이 만성적인 빈곤에서 벗어나기 힘든 것은 이 수치를 통해서도 확인할 수 있다. 특히 정규직에 비해 업무에 관한 능력을 연마할 기회가 매우 적다는 점이 비정규직 젊은이의 자립을 결정적으로 어렵게 만든다.

아사히는 20~30대 청년 비정규직을 중심으로 한 '일하는 빈곤층'의 급증 현상이 장차 사회계층의 분열을 초래하지 않을까 우려한다. 그리고 대책으로써 최저 임금 상향, '동일 노동, 동일 임금'의 균등한 대우, 직무능력 향상을 위한 사회적 시스템 정비와 종합적인 자립 지원 등을 제언한다.

2008년 가을부터 일본 정부는 실직 상태에 빠진 비정규직에게 매월 10~12만 엔을 구직 준비자금으로 대여하는 제도를 시행했다. 그러나 연 수입 200만 엔 이하에, 가족의 도움을 받고 있지 않으며, 연대보증인을 요구하는 등 구비요건이 까다로워 2009년 3월까지 이용자는 불과 13명, 상담도 900건 정도에 그쳤다. 일할 의욕이 없는 사람에게 지원하는 것은 재원 낭비다. 그렇다고 너무 조건이 엄격해서 정작 의욕을 가진 사람에게 혜택이 돌아가지 않으면 사회안전망으로서 의미가 없다.

한국 사회의 빈곤화도 빠른 속도로 진행되고 있다. 특히 고학력의 20대 '백수'

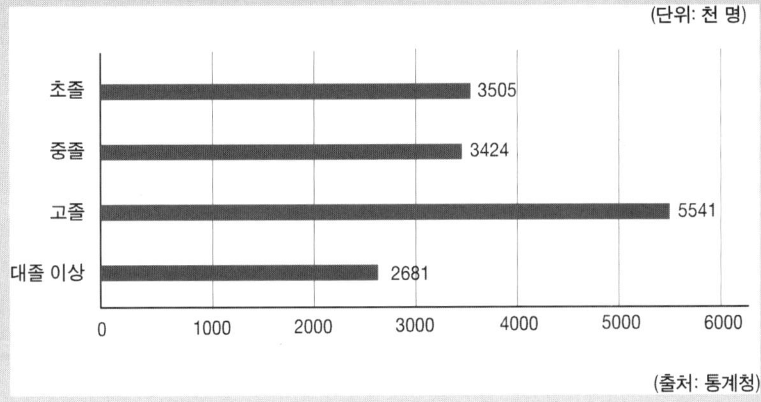

문제가 병적인 상태로까지 심화되었다. 2008년 7월 통계청 조사에 의하면 전문대 졸업 이상의 사실상 실업 상태인 비경제활동인구는 257만 6000명으로 1년 전에 비해 8.1%나 늘었다. 이 가운데 가장 큰 비중을 차지하는 것이 20대로, 소위 '88만원 세대'들이다. 급변하는 세계에서 변화에 대한 적응 능력이 가장 뛰어난 20대가 사회에 진입조차 못한다면 국가경제는 활력을 잃을 수밖에 없다.

　　정부가 "청년실업 해소 및 지속적인 경제발전과 사회 안정"을 목적으로 2004년 3월부터 시행한 '청년실업해소특별법'은 공기업이 청년 미취업자를 일정 부분 고용하도록 권고하고 있지만 이미 오래 전부터 사문화된 상태다. 또 청년실업을 줄이기 위해 2009년 초부터 실시한 다양한 인턴제도는 당장의 실업률 감소만을 노린 탓에 많은 허점이 드러나고 있다. 하는 일은 복사 등의 단순 업무가 대부분이며 인턴 종료 후 정규직 전환 사례도 극히 일부에 지나지 않아 중도에 그만두는 경우가 많다. 공기업의 청년 실업자 의무 고용, 민간기업의 고용에 대한 실질적 지원, 인턴의 전공 분야와 연계된 취업역량 강화프로그램 등등 보다 실효성 있는 대책이 시급하다.

'아동특정재원'의 필요성

❖ 아이를 원하는 젊은 세대의 소망을 이룰 수 있는 사회를 만들자.
❖ 보육시스템을 충실히 하고 근로 형태도 바꾸자.

우리의 미래를 무겁게 짓누르는 난제를 크게 두 가지 든다면 하나는 지구온난화이고 다른 하나는 바로 저출산이 아닐까? 지금처럼 낮은 출산율이 지속되면 100년 후 일본의 인구가 약 4400만 명 정도에 머무를 것이라고 정부는 주산한다. 현재의 3분의 1에 불과한 수치다. 설마라고 생각하겠지만 그만큼 인구 감소 속도는 빠르고 심각하다.

하지만 호전될 가능성이 없는 것도 아니다. 조사에 따르면 젊은 세대의 90%가 결혼을 원하며, 평균적으로 두 명 이상의 아이를 갖고 싶어 한다는 결과가 나왔다. 이런 젊은이들의 소망이 그대로 실현되면 출산율도 1.75까지 오르게 된다. 하지만 현실은 1.32에 지나지 않는다. 만약 우리가 그들의 바람에 방해가 되는 요소들을 하나하나 제거하고 조건을 갖춰준다면 출산율은 대폭 상승할 것이다. 낳기 쉽고 기르기 편한 사회를 만들면 아이를 원하는 사람들도 자연히 늘어날 것이 분명하다.

그런 희망사회를 이루기 위해 도대체 무엇을 해야 할까? 먼저 저출산 대책은 '미래를 위한 투자'라 생각하고 과감히 자금을 투입해야 한다. 일본과 마찬가지로 저출산 문제로 고심하던 유럽 국가들 중에 스웨덴과 프랑스는 경제 규모에 비해서 일본의 4배 이상이나 되는 재원을 여기에 쏟아 부었다. 그래서 일단 곤두박질치던 출산율을 다시 회복할 수 있었다.

정부는 일과 육아를 병행하는 여성들을 지원하기 위해 소비세율 5%의 1%분에 해당하는 약 2조 4000억 엔을 보육서비스 개선에 추가로 투입할 예정이라고 한다. 그러나 이 정도 대책만으로 가시적인 효과를 기대하기는 어려울 것이다. 그 밖에도 일과 생활의 양립을 위한 각종 지원, 아동수당 증액, 고용 안정화 등등 할 일은 참으로 많다.

그렇다면 일차적으로 지방자치체와 기업까지 모두 끌어들여 저출산 대책에 필요한 제도와 경비를 일괄 상정한 다음에, 그것들을 종합하여 20년 후를 대비한 행동계획을 세우면 어떨까? 이것을 국민적인 목표로 설정해 버리는 것이다.

지금 국회에서는 휘발유(가솔린)세를 포함한 '도로특정재원'*을 현행대

---

* **도로특정재원제도**_도로 건설 및 유지를 위한 특정 재원을 조성할 목적으로 1953년 출발한 제도다. 수익자 부담 원칙에 따라 도로 이용자(=자동차 소유자와 그 연료인 휘발유를 사용한 사람)가 세금을 부담한다. 휘발유(가솔린)세·자동차중량세·지방도로세 등이 있으며, 매년 5조 엔 이상의 막대한 재원이 이 제도를 통해 마련된다. 이 가운데 지방도로세는 국가가 지방자치체에게 도로 건설을 위한 재원을 배분할 목적으로 휘발유에 부과하는 국세다.

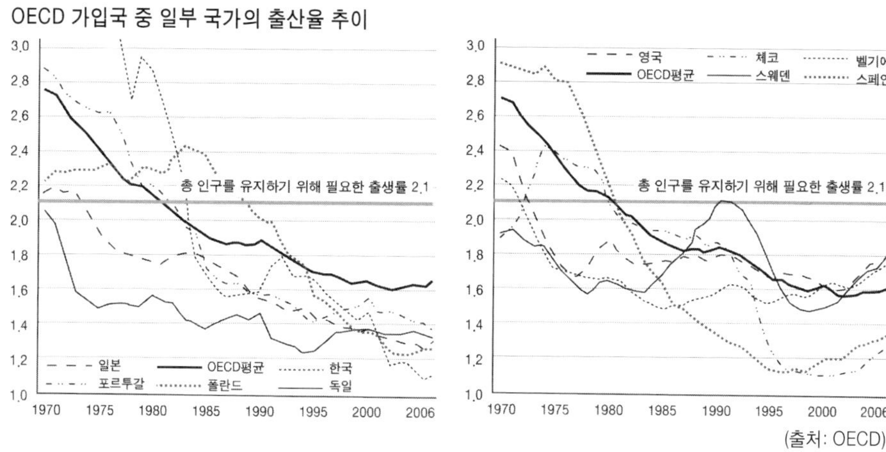

로 유지하여 향후 10년간 도로 건설 및 유지에 59조 엔을 투입한다는 정부
안이 문제가 되고 있다. 아무리 멋진 도로를 많이 만들어도 그것을 활용할
인구가 급감하는 현실 앞에서는 별 의미가 없기 때문이다.

도로에 많은 예산을 투입할 시기는 벌써 지났다. 현재는 저출산 문제야
말로 중장기적인 대비가 시급하다. 위에 든 몇 가지 일만으로도 엄청난
재원이 필요할 것이다. 저출산 문제의 심각성을 인지한다면 지금 절실한
것은 도로가 아니라 '아동특정재원'이다. 그만한 각오를 가지고 증세를
포함한 재원 마련에 나서야 할 것이다.

쉽지 않은 과정을 거쳐 재원이 마련되면, 그 다음에 바로 취해야 할
대책은 어떤 게 있을까? 무엇보다도 보육서비스를 충실히 하는 일부터

이미 도로가 충분하고 도로 환경도 크게 개선된 현재로서는, 누적된 재정적
자에 매년 사용할 일반 재원도 부족한데 굳이 그 많은 돈을 도로에만 투입해
야 하는 당위성에 대해 강한 의문이 제기되고 있다. 그러나 자민당 내 도로
족·건설족 등 소위 '족의원'과 관련 자치체 및 기업의 맹렬한 반대로 정권이
교체되지 않는 한 일반재원화는 상당한 시간이 걸릴 것으로 보인다.

착수하면 좋겠다. 그때 참고할 것이 후쿠이현福井県의 사례다.* 전국적으로 출산율이 1.26까지 떨어졌던 3년 전, 이 현은 거꾸로 출산율이 0.05% 올라 전국 2위인 1.50을 기록하면서 주목을 끌었다.

후쿠이현은 7년 전부터 보육소에 들어가지 못하는 대기 아동수를 제로로 만들었다. 또한 보육 시간을 연장하고 젖먹이 보육과 아이가 병이 나도 맡아 주는 데이케어day care제를 새로 도입하는 등 시간적인 빈틈이 생기지 않도록 보육서비스를 정비했다. 그 결과 어린 아이를 가진 가정에서도 안심하고 일과 육아를 병행할 수 있게 되었다.

후쿠이역 앞 건물 2층에 자리한 일시 보육시설 '노비노비'(=무럭무럭)를 잠시 들여다봤다. "큰 애 피아노 발표회가 있어서", "취업 면접 보러 갑니다" 등 아이를 맡긴 어머니들은 이런 말들을 남기고 각자 볼일에 나섰다. 정원 20명인 이 시설은 생후 6개월부터 9세까지의 아이를 오전 9시 반부터 오후 6시 반까지 돌본다. 비용은 시내 거주자라면 시간당 350엔이고, 전업주부도 자유롭게 이용할 수 있다. 후쿠이시의 실버인재센터로부터 파견된 보육사 자격을 가진 노인네들이 '친할머니 같은 마음'으로 보육에 임한다.

회사를 퇴직한 '단카이 세대'**의 관심이 앞으로는 점점 지역사회로

* **후쿠이현의 보육서비스**_후쿠이현은 '육아환경만들기'라는 독자적인 프로그램을 2000년부터 실행했다. 이는 크게 네 가지로 나눌 수 있는데 첫째, 일과 육아를 쉽게 병행할 수 있는 환경 만들기, 둘째, 기업이 육아를 응원하는 환경 만들기, 셋째, 가정과 지역이 함께 육아에 참여하는 환경 만들기, 넷째, 젊은이의 결혼을 응원하는 환경 만들기 등이다. 그 결과 보육서비스가 질적으로 충실해지고 출산율도 계속 올라서 전국적으로 저출산 대책의 모범 사례로 평가되고 있다.

** **단카이 세대**_1947~49년에 태어난 베이비붐 세대를 말한다. 42쪽 각주 참고.

향하게 된다. 이것을 그냥 내버려두는 건 아까운 일이다. 지역정부는 경험 풍부한 어르신들의 파워도 활용하면서 갖은 궁리를 다해 연대형 복지사회를 만들어 가야 한다.

저출산을 해소하기 위해서는 기업이 담당해야 할 역할도 크다. 후쿠이 현에는 또 하나 그냥 지나칠 수 없는 장점이 있다. 실업률이 낮고 부부의 맞벌이 비율이 높다는 점이다. 그래서 당연히 세대당 수입도 많다. 모두 전국 최고 수준을 자랑한다. 고용이 불안정하고 장래에 대한 전망이 서지 않으면 젊은이들은 결혼과 출산을 주저할 수밖에 없다. 후쿠이의 예는 '안정된 고용'이 출산율 향상과 직결된다는 사실을 웅변으로 말해 준다.

근로 형태의 개선도 빼놓을 수 없다. 아직도 주 60시간 넘게 일하는 사람이 10% 이상이고, 출산한 여성의 70%는 회사를 그만둔다. 이런 근로 형태가 출산을 망설이게 만든다는 점을 잊어서는 안 된다. 정규직 사원은 장시간 노동으로 심신이 지쳐서 가정의 화목을 지킬 수 없다. 비정규직은 시간적인 여유는 있어도 경제적으로 자립할 수 없다. 이런 구조가 결국 출산과 육아를 방해한다. 저출산 대책에 참여하는 일은 기업으로서도 결코 쓸모없는 투자가 아니다. 긴 안목으로 보면 경력 여성과 젊은 노동력을 확보할 수 있다. 또 새로 태어나는 아이들은 장래의 소비자다.

인구가 많은 '단카이' 2세는 벌써 30대 중반에 들어섰다. 출산과 육아를 담당할 젊은 세대가 곧 급격히 줄어들 것이다. 저출산 해소를 최우선으로 하는 정책 전환은 일각의 지체도 용납할 수 없는 중대한 문제다.

2006년 OECD 주요 국가 출산율과 혼외 출산 비율(%)

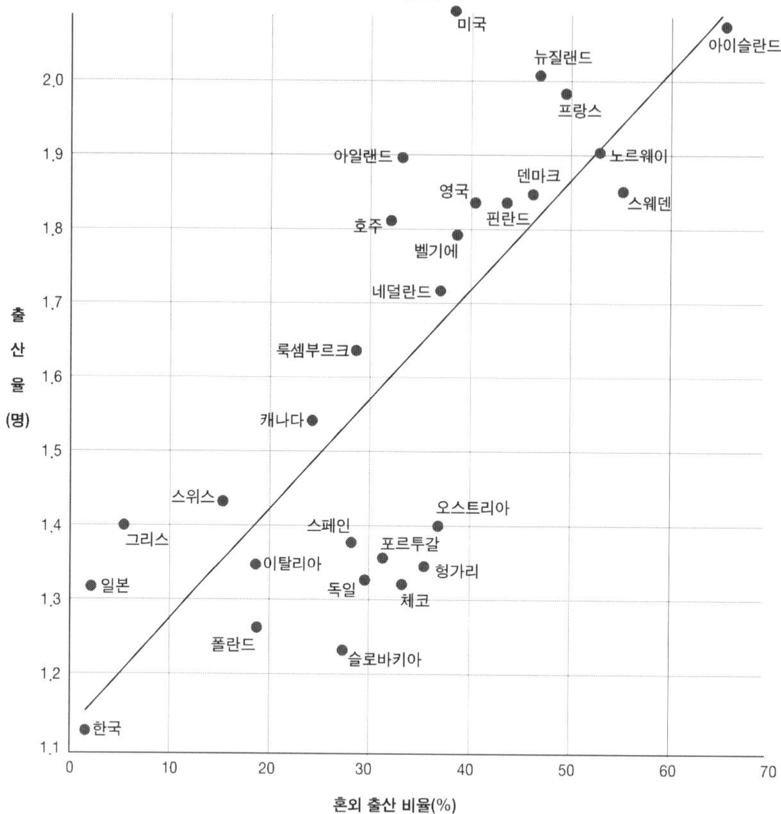

(출처: OECD)

다양한 커플도 포용하는 저출산 대책

저출산 대책은 일본 정부의 가장 중요한 정책적 과제다. 1995년 이후 '엔젤플랜', '신엔젤플랜', '아동·육아응원플랜' 등 많은 대책이 연속적으로 시행되었다. 그 덕분인지 2005년 1.26으로 바닥을 친 출산율은 그 후 3년 내리 상승하여 2008년에는 1.37까지 회복했다. 그러나 아직 갈 길은 먼데 내수 시장은 이미 침체가 가속화되어 '저출산의 저주'가 현실로 나타나고 있다.

경제 규모로 볼 때 일본의 저출산 관련 예산은 형편없이 적은 편이다. OECD 가맹국들이 평균적으로 GDP의 2%를 여기에 쓰는 데 비해 2007년 일본의 출산장려 예산은 GDP의 0.83%인 4조 3300억 엔으로 선진국 중 최저 수준이었다. 고령자에 대해서는 아주 두텁게 배려하는 반면에 출산·육아에는 상대적으로 소홀했던 것이다.

현재 상태라면 100년 후 일본의 인구는 3분의 1로 줄어든다. 하지만 이제부터라도 젊은이들이 결혼과 출산의 소망을 이룰 수 있다면 출산율은 1.75까지 높아진다. 그래서 아사히는 저출산 대책을 '미래에 대한 투사'라 생각하고 과감히 '아동특정재원'을 마련하여 보육서비스부터 우선적으로 혁신하자고 제언한다.

이 시리즈 사설에서는 여러 각도에서 저출산 문제를 제기하고 있다. 그런데 여기서는 다루지 않지만 최근 새롭게 지적되는 것이 일본인의 결혼관이다.

법적으로 결혼하지 않은 부모에게서 태어난 혼외자(婚外子)가 근년 스웨덴에서는 전체 출산 아동 중 55%, 프랑스 53%, 그 외 미국이 40%, 독일 30%에 달한다. 구미 각국에서 이렇게 혼외자 출생이 늘어난 이유는 스웨덴의 삼보(Sambo, 동거), 프랑스의 PACS(Pacte Civil de Solidarite, 민사연대계약법)와 같이 과거의 결혼에 비해 보다 느슨한 형태의 남녀 결합을 법적으로 인정한 것이 크게 작용했다. 한 예로 프랑스는 2008년의 정식 결혼이 26만 7000쌍인데 PACS도 13만 7000쌍에 달했다. 같은 해 프랑스의 출산율이 2.02, 스웨덴이 1.91로 선진국 중 가장 높은 수준을 기록한 것은 이런 다양한 커플이 큰 힘을 발휘한 덕분이다.

　일본의 혼외자 출생은 전체 출산 아동의 2%로 극히 미미하다. 혼외자의 법적 지위가 제대로 보호받지 못하는 한국도 일본과 별반 다르지 않을 것이다. 결혼의 형태는 문화적 전통, 국민의 가치관과 깊이 연관된다. 그러나 한국과 일본 모두 매년 수많은 국제결혼 커플이 새로 생긴다. 전통적인 가치관에 입각한 결혼만을 고집하는 것은 현실과 맞지 않다. 저출산 문제와, 그보다 훨씬 더 근본적인 인권 문제를 생각하면, 다양한 커플의 존재를 법적·제도적으로 수용하고 보호하는 것은 당연한 일이다.

'단일민족신화'의 극복을 위해

❖ 외국인 아이들에게 일본어를 비롯한 교육 지원을 강화하자.
❖ 다민족이 '이웃'으로 공생할 수 있는 사회를 만들자.

급속히 진행되는 고령화와 인구 감소에 어떻게 대응할 것인가. 이 시리즈 사설에서는 충실한 저출산 대책, 빈곤에 허덕이는 젊은이들의 자립을 위한 지원 등을 제언해 왔다. 이쯤에서 또 한 가지 반드시 짚고 넘어가야 할 과제가 있다. 어떤 식으로 외국인을 이 사회 안으로 받아들이고, 그늘과 어떤 관계를 만들어 갈 것인가라는 문제다.

외국인등록자는 2006년 연말 무렵 과거 최다인 208만 명에 달해서 1990년경에 비해 배로 증가했다. 역시 '자이니치' 코리언*이 60만 명으로

* **자이니치(在日) 코리언**_한국 국적을 가진 재일 한국인과 법적으로는 무국적자로 분류되는 재일 조선인을 구분하지 않고 일본에 영주하는 한인들을 총칭하는 근년의 새로운 사회적 호칭이다. 그 가운데 일제강점기부터 해방

가장 많으나 중국인 56만 명, 일본계 브라질인 31만 명, 필리핀인 19만 명 등 '뉴커머new comer'로 불리는 사람들도 빠르게 증가하고 있다. 도시의 공장에서 농어촌에 이르기까지 이들 외국인의 일터는 전국 곳곳에 퍼져 있다. 결혼도 2006년에는 16쌍 중에 1쌍이 국제결혼을 해서 4만 5000쌍 가까운 커플이 탄생했다. 이미 외국인과 바로 이웃해서 사는 다민족 사회로 들어서기 시작한 것이다.

일본의 노동인구는 1990년대 말부터 감소 추세로 돌아섰다. 일하는 여성과 고령자가 앞으로 더욱 늘어난다 해도 2020년쯤에는 노동력 부족이 심각해질 것이 분명하다. 따라서 일본 정부는 '단순노동자, 이민은 받아들이지 않겠다'는 그간의 방침을 조만간 수정하지 않으면 안 될 것이다. 그렇다면 우리가 속히 마음 문을 열어젖히고 외국인을 깊이 받아들여 개성과 다양성이 풍부한 공생 사회를 목표로 하는 편이 낫다. 외국인도 일해서 세금과 사회보험료를 납부하고 산업·복지도 함께 맡아줄 것이므로 그만큼 일본 사회의 활력이 더 유지될 수 있다.

이런 장밋빛 미래상을 그려보긴 했지만 막상 발밑의 현실을 되돌아보면 외국인을 받아들일 태세가 전혀 갖춰지지 않았다는 사실에 오싹해진다. 뉴커머의 태반이 불안정한 비정규직으로 일할 수밖에 없으며 일본어를 배울 여유도 전혀 없다. 일본 사회에 익숙하지 않은 까닭에 쓰레기를 버리는 규칙과 같은 사회생활의 기본 상식을 지키지 못해 지역과 직장에서

직후의 혼란기까지 일본으로 건너가 정착한 사람들을 편의상 '올드커머'라 부르기도 한다. 이에 대해 1965년 한일 국교정상화 이후 일본으로 건너가 정착한 한국인들과 주로 1980년대 이후 일본에 정착한 외국인들을 '뉴커머'라 칭한다.

일본의 외국인 인구 및 인구 비율

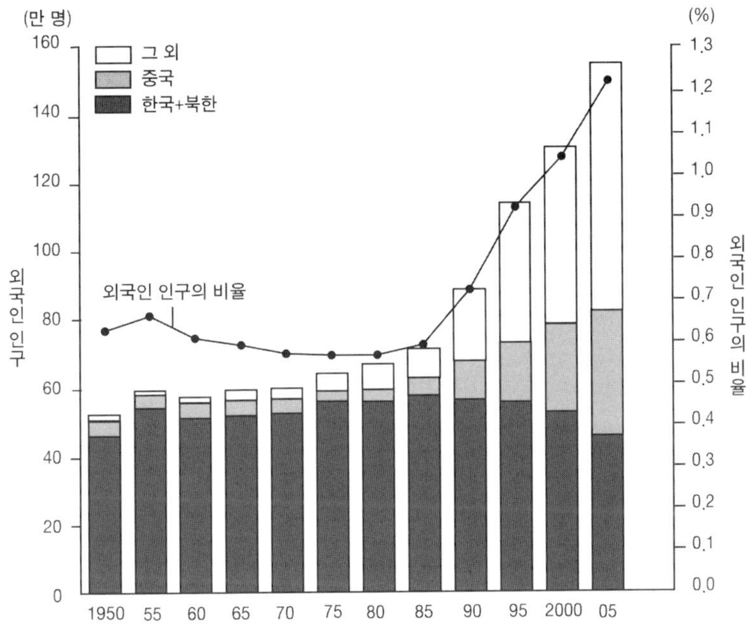

(출처: 일본 통계국)

마찰이 빚어진다. 빨리 조치를 취하지 않으면 사회적 균열이 점점 커질지 모른다. 뉴커머들끼리만 뭉쳐서 고립되는 것을 막고 지역사회에 동화할 수 있도록 해야 한다. 정부는 지방자치체 및 비영리기구(NPO)와 연계하여 종합적인 대책을 수립해야 할 것이다.

무엇보다 시급한 일은 외국인 아이들에 대한 교육 지원이다. 일본에서 태어나 자란 자이니치 코리언과는 달리 뉴커머의 아이들 중 많은 수는 일본어가 아주 서툴 수밖에 없다. 이 때문에 학교 수업을 따라가지 못해 상급 학교 진학률이 낮다. 개중에는 학교를 포기하고 비행 청소년으로 빠지는 예도 적지 않다.

　도쿄 내에서도 외국인 거주 비율이 높은 신주쿠新宿에서 작년(2007) 6월 구청과 자원봉사단체가 주관하는 일본어 교실 '모두의 집 어린이클럽 신주쿠'가 문을 열었다. 중국, 한국, 태국에서 온 33명의 초·중학생이 방과 후에 모여 보충학습을 받고 있다. 또한 번화가에 가까운 '아동관'(=어린이집)을 들여다보면 외국인 아이들이 중년·노년의 자원봉사자들과 일대 일로 마주 보며 공부한다. 고바야시 히로코小林晋子 대표는 "일본어를 조금 말할 수 있는 정도로는 학교 수업을 따라가지 못한다"고 지적한다.

　공립 초·중·고교에 다니는 7만여 명의 외국인 학생 중 약 2만 2000명 정도에게 일본어 학습지도가 필요하다고 문부과학성은 판단한다. 하지만 정부가 지원하는 일본어 교사만으로는 턱없이 부족한 것이 현실이므로 시·정·촌이 독자적으로 비용을 부담하고 있다. 수업 방식도 아직은 회화 중심이어서 읽기·쓰기가 약한 점이 수업에 뒤처지는 원인이다. 아이들의 부모를 위한 교육 지원도 너무나 중요하다. 말을 모르면 이웃과 교류할 수 없고 아이의 진학상담을 해주기도 어렵다.

　노동 현장에도 과제는 산더미처럼 쌓여 있다. 의료·연금·고용보험에 대한 외국인 가입을 확대하고 정규직 사원의 문호도 개방하여 근로 환경을 안정시키자. 외국인을 많이 고용한 기업은 당연히 그렇게 노력해야 한다. 지금의 연수생·기능실습생 제도도 대단히 문제가 많다. 고용주의 급여 갈취나 잔업수당 미지급 같은 부정이 횡행하고 연수생에게는 최저임금제도 적용되지 않는다. 제도 자체가 인권 침해를 조장한다고 생각할 수밖에 없다. 외국인을 정식 근로자로 인정하고 근본적인 개혁에 착수하지 않으면 안 된다.

요컨대 외국인을 '값싼 노동력'이 아닌 인격을 가진 '이웃'으로 받아들이자는 것이다. 글로벌 경제하에서 세계적으로 고도의 기능과 지식을 갖춘 인재를 획득하기 위한 경쟁이 벌어지고 있다. 능력을 공정하게 평가하여 유능한 인재에게는 국적을 불문하고 경영과 연구에 관련된 업무도 맡겨야한다. 그리하여 세계의 인재를 끌어들이는 명실상부한 "지팡구"(=황금의 나라)*를 목표로 나아가자.

외국인과 공생하는 사회가 되려면 서로의 문화나 습관, 미묘한 정서적 차이 등에 대한 상호이해가 꼭 필요하다. 이를 위해 양쪽 언어를 다 구사하고 쌍방을 이어줄 수 있는 인재를 많이 늘려야 한다. 단순한 정주定住가 아닌 영주권의 인정, 국적 취득을 위한 수속제도 등을 보다 쉽게 바꾸는 것은 극히 자연스러운 일이다. 또한 영주권을 가진 외국인은 일본인과 마찬가지로 납세를 통해 이 사회를 떠받치고 있음에도 불구하고 지방선거의 참정권조차 전혀 인정하지 않는 것은 참으로 불공평한 일이다. 게다가 앞으로는 난민을 받아들이는 문호도 인도주의적 입장에서 계속 넓혀야만 한다.

2차 세계대전 후에도 일본은 여전히 '단일민족신화'를 정신적 기반으로 삼아 전후의 사회질서를 구축했다. 그러나 고대 한반도로부터의 도래인, 근세 이후 홋카이도의 아이누 민족 등을 감안하면 이는 말 그대로 신화

* **지팡구**(Cipangu, Chipangu)_이탈리아인 탐험가 마르코 폴로(Marco Polo, 1254~1324)의 『동방견문록』에서 일본을 묘사한 어휘로 원래는 '황금이 풍부한 나라'라는 의미라고 한다. 지금의 Japan은 이 말에서 유래했다. 그러나 당시 일본은 황금이 다량 생산되는 곳이 아니었으며, 『동방견문록』 중에는 "이곳 사람들이 인육을 먹는다"는 등의 부정확한 부분도 많다.

에 불과하다. 앞으로의 일본은 그런 관념으로는 도저히 대처할 수 없는 '다민족사회'로 변해 간다. 이러한 각오를 분명히 다지고 신화의 장벽을 넘어서야만 21세기에도 일본은 활력과 매력을 지킬 수 있을 것이다.

단일민족국가관을 넘어선 다민족 공생 사회

'단일민족신화'의 극복과 다민족 공생 사회로의 이행은 비단 아사히만이 아니라 일본의 많은 진보적인 미디어와 식자층이 기회가 있을 때마다 주장해 온 것들이다. 이에 덧붙여 아사히는 신화의 극복이 다른 누구도 아닌 일본의 미래를 위해 반드시 필요하다는 점을 역설하며, '뉴커머' 아동과 그 부모를 위한 교육 지원, 노동 환경 및 차별적인 제도의 개선, 참정권 부여 등 세심한 배려를 통해 외국인을 진정한 '이웃'으로 받아들이자고 제언한다.

근대 이후 '태양신의 후예' 천황을 정점으로 한 단일민족국가관이 일본인의 의식 속에 깊숙이 자리 잡았다. 그러나 현재의 일본열도에는 근세 이후 물리력으로 강제 복속한 오키나와의 류큐(琉球)민족과 홋카이도의 아이누민족, 그 외에도 주로 일제강점기에 형성된 재일교포와 화교 집단, 1980년대 이후의 다국적 이주 노동자에 이르기까지 상당히 다양한 민족이 거주한다.

비록 특정 민족이 압도적 다수를 점한다 해도 지금의 일본은 엄밀한 의미에서 단일민족국가가 아니다. 그리고 애초에 '단일민족'이란 용어 자체가 학술적으로는 인정되지 않는, 인위적으로 조작된 허구의 개념에 불과하다.

자민족중심주의의 폐해는 대단히 크다. 일본이 60여 년 전 천황제 민족주의를 앞세워 대외 침략의 만행을 저질렀듯이, 오늘날 티베트·신강 위구르·내몽골 등에 대해 역사적 일체성을 강변하는 중국의 한족 중화주의나 화교·외국인 근로자·결혼 이주 여성을 철저히 차별하는 한국의 순혈주의도 규모는 서로 다르지만 타민족에 대한 억압과 배제라는 공통의 위험성을 짙게 내포하고 있다.

통계청이 발표한 2008년 한국의 사회지표에 따르면 신혼부부 10쌍 중 1쌍이

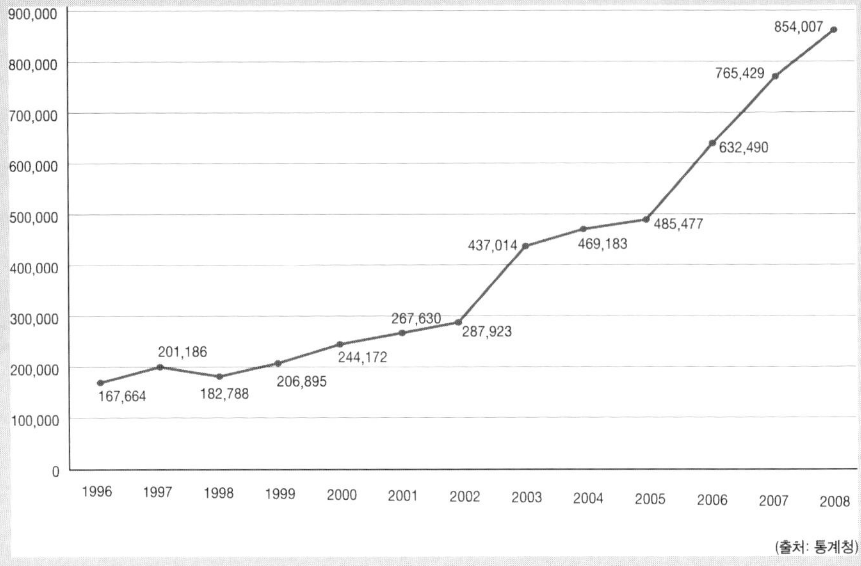

국제결혼이며 정식 등록한 외국인만 85만 명을 넘어섰다. 역사상 유래가 없는 저출산 풍조에도 다문화 가정의 출산율은 높은 편으로, 이대로라면 2020년에는 전체 아동의 20%를 다문화 가정 출신이 점한다고 한다.

일본 이상으로 한국 사회의 '단일민족신화'는 뿌리가 깊다. 차이나타운이 없는 유일한 나라가 한국이라는 속설도 이 때문에 생겼다. 한국인에게는 수많은 외부 침입으로부터 자신을 지켜낸 자랑스러운 과거가 있다. 현재도 외국에 정착한 무수한 한인들의 민족 정체성과 뜨거운 고국 사랑에 우리는 흐뭇해한다. 하지만 그들이 받는 문화적·경제적·정치적 차별에 분개하고 시정을 요구하면서 우리 내부의 소수 민족을 지독하게 차별하는 것은 엄청난 자가당착이 아닌가?

한국도 분명히 단일민족국가가 아니다. 그리고 한민족이 소중한 것처럼, 힘이 있건 없건 피부색이 희든 검든, 어떤 민족도 이 사회에서 똑같이 소중한 존재로 대접받아야 한다. 그것이 진정한 국제화다.

농업을 성장산업으로

❖ 쌀 생산을 감산에서 증산으로 대전환하자.

❖ 의욕적인 농가는 정부가 직접 보상하자.

이 '제언' 시리즈도 서서히 막바지에 가까워졌다. 이번 회는 먹을거리를 제공하는 농업의 안전성에 대해 생각해보자.

일본에서는 근년 냉동만두 중독사건이 발생하여 식탁으로부터 중국산 식품을 기피하려는 움직임이 크게 일었다. 그렇지만 벌써 오래 전부터 중국을 비롯한 다른 나라에서 식료품을 수입하지 않으면 일본인의 식생활은 성립되지 않는다. 칼로리 자급률*이 39%로 선진국 가운데 최저 수준이기 때문이다.

* **칼로리 자급률**_곡물·육류·채소·과일 등 음식물의 하루 섭취량을 칼로리로 환산했을 때 국내산 농산물이 차지하는 비율.

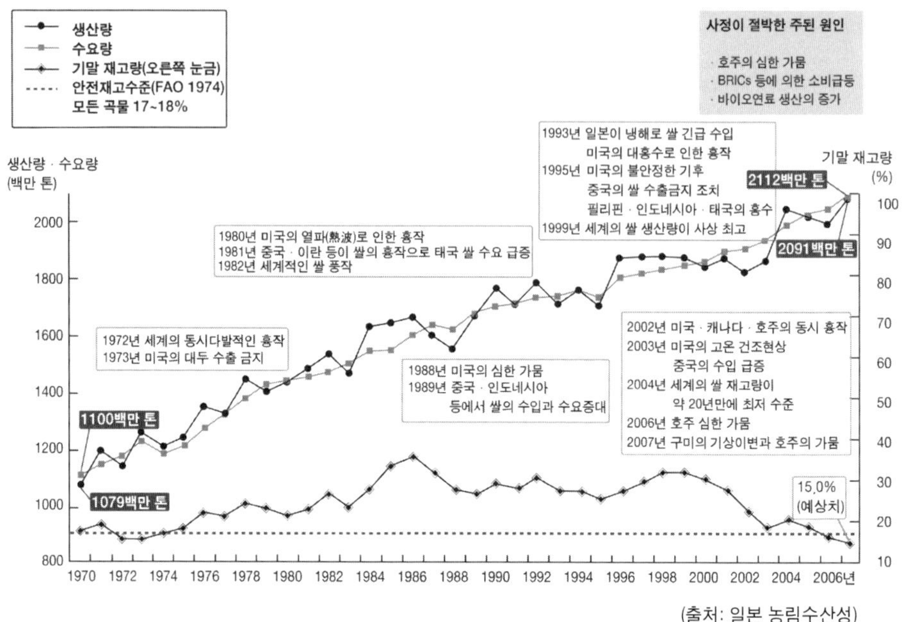

글로벌화 시대니까 그 정도라면 괜찮다는 의견도 있다. 그러나 세계의 식량사정은 예측을 불허할 정도로 급변하기 시작했다. 중국과 같은 인구 대국이 경제적으로 급성장함에 따라서 식량 수요가 큰 폭으로 늘었다. 또한 세계의 많은 지역에서 주식으로 삼는 옥수수를 바이오연료의 원료로 대량 소비함으로써 곡물가격이 급등했다. 심지어 기후 변동도 세계적인 식량 부족을 더욱 악화시키는 요인으로 작용한다.

중국과 러시아는 벌써 곡물 수출을 억제하고 있다. 이런 상황에서는 일본의 경제력도 더 이상 믿을 게 못 된다. 식량쟁탈전이 격화되어 국제곡

물시장의 가격 경쟁에서 일본이 외국에게 밀리는 경우도 있다. 지금처럼 원하는 만큼 식량을 수입할 수 있는 시대가 언제까지 이어질까?

식량 공급의 마지막 안전판은 누가 뭐라 해도 국내 농업이다. 그럼에도 쇠퇴일로를 걷는 현재의 일본 농업은 영 미덥지 못하다. 쇠퇴의 근본 원인은 농정의 중심인 쌀 정책에 있다. 일본의 쌀 생산량은 1960년대 중반에 이미 소비량을 넘어섰다. 그 후 40년 가까운 기간 점점 윤택해지는 식생활에 반비례하여 쌀 소비는 지속적으로 감소했다. 정부는 궁여지책으로 경작면적을 줄여서 인위적으로 생산량을 조정하는 방법을 취했다. 이것이 소위 '겐탄' 정책*이다. 이 정책을 통해 휴경休耕이나 다른 작물로 전작轉作한 농가에는 보조금이 지원되었다. 관과 민이 일체가 되어 수요·공급을 조정하고 높은 가격을 유지하기 위한 '쌀값 카르텔'을 형성한 셈이다.

그 결과 경작을 포기하거나 휴경한 논을 합치면 도쿄 전체 면적의 자그마치 3배에 달할 정도다. 쌀밥을 멀리하는 식생활과 인구 감소가 앞으로도 계속되면 40년 후에는 논 면적이 지금의 절반까지 줄어든다고 한다. 이미 농업 종사자 330만 명 중에 60%가 65세 이상의 노인층이다. 이대로라면

---

* **겐탄(減反) 정책**_'탄(反·段)'은 토지 면적의 단위로 1탄은 300평(=약 991.7㎡)이다. 본문의 내용대로 1960년대 중반부터 일본은 쌀 생산량이 수요를 초과했다. 그 후로도 재배기술 향상, 품종개량 등으로 생산량은 계속 증가했다. 이에 일본 정부는 1970년부터 전국적인 쌀 경작 면적의 상한 설정, 신규 개간 금지, 기타 작물재배의 장려 등 겐탄 정책을 펼쳐 과잉생산을 방지하고 수요·공급의 균형을 맞춤으로써 가격을 유지하고자 했다.
그러나 단위면적당 수확량의 증가로 생산량은 기대만큼 감소하지 않았다. 게다가 연간 1인당 쌀 소비량이 1962년의 118kg에서 2007년엔 61kg으로 절반이나 줄어버렸다. 따라서 가격도 1990년경 60kg당 2만 엔가량이던 것이 2007년에는 1만 5000엔까지 폭락하는 등 애초에 겐탄 정책이 목표로 삼은 가격 안정은 완전히 실패로 돌아갔다.

1960년	312만 4000ha
1970년	283만 6000ha
1980년	235만ha
1990년	205만 5000ha
2000년	176만 3000ha

* '겐탄'에는 처음부터 두 가지 방법이 있었다. 무논에서 아무것도 재배하지 않는 휴경과
쌀 이외의 작물을 심는 전작이다. 현재는 전작만 행해진다.

(출처: 일본 농림수산성 총합식료국)

일본의 농업은 완전히 무너질 것이라는 위기감마저 든다.

지금부터라도 발상을 크게 전환하여 쌀 농업을 근본부터 재정비하지 않으면 안 된다. 먼저 생산량을 강제적으로 줄이는 생산조정정책부터 그만두자. 농민이 마음껏 쌀을 생산할 수 있게 하여 농업의 기반을 든든히 다지고, 쌀값을 내려서 소비도 늘리자. 동시에 주식용만으로는 쌀 수요에 한계가 있으므로 용도를 사료용이나 바이오연료까지 과감히 확대하는 것은 어떨까? 일본의 식량자급률*이 떨어진 이유는 육식이 늘어나고 사료용 곡물 수입이 급증했기 때문이다. 이런 상황에서 농업을 살리려면 벼농사에 적합한 아시아 몬순 기후의 특성을 살려서 모든 논을 풀가동하여 쌀 증산으로 전환해야 한다.

생산조정정책을 중지하면 농사일에 의욕적이고 생산성이 높은 농가들은 다투어 생산량을 늘리게 된다. 그러면 자연스럽게 쌀값은 하락할 것이다. 이때 가격이 지나치게 떨어져 모처럼의 경영 기반이 쓰러지는 일이

* **식량자급률**_2003년 기준 식량자급률은 미국 133.5%, 프랑스 194%, 캐나다 162%에 비해 일본은 선진국 중 가장 낮은 40% 수준이다. 일본 정부는 식량자급률 제고를 위해 다각도로 노력을 기울였지만, 아직까지 식생활의 상당 부분을 수입에 의존하는 현실에는 변화가 없다.

없도록 의욕적인 농가에 대해서는 소득을 보상해 주는 장치가 필요하다. 농업은 기후나 병충해로 인한 위험 부담이 크면서도, 한편으로 식량 안전을 보장하며 환경과 농촌의 경관 유지에도 중요한 역할을 한다. 그래서 구미에서도 농가 소득의 절반 정도를 정부가 직접 보상하고 있다. 이러한 제도를 참고하면 좋을 것이다.

만약 쌀값이 현재보다 30%가 낮아진다고 보고 농업을 주업으로 삼는 농가로만 보상 대상을 한정한다면 정부 보상을 위한 재정 부담은 2000억 엔 정도로 해결할 수 있다. 현행 생산 조정에 소요되는 예산과 거의 같은 금액이므로 추가적인 재정 부담 없이도 얼마든지 시행이 가능하다. 쌀값이 하락하면 벼농사를 포기하는 농가도 나올 것이다. 그럴 경우는 계속 농사를 짓는 농가에 논을 팔거나 빌려줘서 토지임대료 같은 형태로 이익을 공유할 수 있다. 이러한 과정을 거치면서 농지의 대규모화, 효율화를 도모했으면 한다. 물론 농지 소유와 임대의 유동성을 촉진하는 제도적인 보완도 빼놓을 수 없다.

세계적인 곡물가격 급등은 농정 개혁을 위해서는 오히려 절호의 기회로 활용할 수 있다. 과거에는 일본 국내산 쌀값이 너무 비싸서 수입쌀과 도무지 경쟁이 되지 않았지만 양자 간 가격차가 줄어든 지금은 국내산의 가격을 대폭 낮춘다면 대등한 승부가 가능하다. 현재 수입쌀에는 700%가 넘는 높은 관세율이 적용된다. 그 때문에 무역교섭에서는 늘 수세에 몰렸다. 지금의 높은 관세율은 머지않은 장래에 인하할 수밖에 없다. 그때까지는 농업의 기반을 강하게 단련시켜야 한다.

생산 조정을 중지하여 쌀이 지금보다 증산되면 새로운 수요 개척에 필사적으로 나서야 할 것이다. 혼자 사는 젊은이와 독거노인들의 개인 식단까지 헤집고 들어갈 좋은 아이디어가 나올지도 모른다. 또한 지금도 중국·타이완 등에서는 고품질인 일본 쌀의 인기가 높은 편이다. 경제적으로 풍요로워진 아시아인의 거대한 배를 겨냥하여 처음부터 수출을 목표로 하는 농가도 늘어날 것이다.

국내산을 이용한 사료용 쌀을 수입 사료 수준으로 가격을 내리려면 다수확을 위한 품종 개량을 거듭하고 재배 방법까지 바꾸지 않으면 안 된다. 그러기 위해서는 연구비 지원이 필요할 수도 있다. 바이오연료용 쌀에 관해서는 지금도 일본이 자랑하는 높은 수준의 발효기술을 살린 연구가 진행되고 있다. 알곡에다 볏짚을 함께 발효시키면 생산원가 면에서 유리해진다고 한다.

이렇게 하여 농업을 되살릴 수 있다면 지역 활성화의 핵심적인 역할을 맡아줄 것이다. 그를 위해서는 새로이 농업에 뛰어드는 인재가 꼭 필요하다. 영농 기업화의 길까지 포함하여 농업의 문호를 활짝 개방하자.

농업은 생명을 품어 기르는 산업이다. 그 매력을 젊은이들도 느꼈으면 좋겠다. 도시에서 일할 곳을 잃은 니트*나 잃어버린 세대**에 해당하는

* 니트(NEET, Not in Employment, Education or Training)_원래는 영국 정부가 노동정책상으로 분류한 용어다. 교육을 받지 않고, 노동도 하지 않고, 직업 훈련도 받지 않는 사람을 가리킨다. 일본에서는 2004년 겐다 유지(玄田有史)가 저서 『니트, 프리터도 아니고 실업자도 아닌 사람들(ニート－－フリーターでもなく失業者でもなく)』, 幻冬舍, 2004에서 처음 사용했다. 현재는 그 의미가 확대되어 아무것도 하지 않고 또 하려는 의욕도 없는 젊은이들을 의미한다.
** 잃어버린 세대(Lost Generation)_ 1차 세계대전 후 미국 문단에 등장하여 전후의 환멸과 회의를 작품 속에 그린 헤밍웨이, 커밍스 등 젊은 작가군을 가리킨다.

사람들이 일하는 즐거움을 되찾을 수 있는 장이 된다면 일석이조가 아니겠는가. 『미슐랭』*에서 별 세 개를 받은 도쿄 긴자銀座의 일식집 고주小十의 오쿠다 도루奧田透 씨는 "일본 농업은 다시 살아날 수 있다", "일본 요리가 세계적으로 인정받았다. 따라서 요리의 원료가 되는 일본산 농산물에도 별 세 개의 가치가 있다"라고 말한다.

농업에 잠재된 힘을 전향적으로 살릴 수 있는 시스템을 만들면 일본의 농업을 성장산업으로 발전시키는 것도 꿈이 아니다.

<hr>

* 미슐랭 가이드(Michelin Guide)_프랑스의 타이어 회사인 미슐랭(Michelin)사가 발간하는 여행 가이드북이다. 표지가 빨강과 녹색의 두 종류로 나뉘는데, 빨강은 여행자를 위해 레스토랑과 호텔을 평가하는 내용이고 녹색은 자동차 여행용이다. 빨강색 가이드북은 본래 미국과 유럽에서만 나왔는데, 2008년 아시아에서는 처음으로 도쿄판이 발간되었다.
2007년 『미슐랭 가이드』에서 별 셋을 받은 레스토랑은 프랑스 파리에 세 곳, 영국은 나라 전체에 다섯 곳밖에 되지 않았다. 그런데 2008년 『미슐랭 가이드 도쿄』에서는 이례적으로 8개의 일본 레스토랑이 별 셋을 받았다고 한다.

농업정책의 개혁

일본 정부는 1970년부터 현재까지 약 40년간 소비량 감소에 맞춰 쌀의 생산량을 줄이고 가격을 높게 유지하기 위한 '겐탄' 정책 즉, 생산 조정 정책을 꾸준히 펼쳐 왔다. 그간 농가가 쌀을 다른 작물로 전환하는 데 약 7조 엔의 국가 보조금을 지불했다. 결과적으로 지금 일본의 식량자급률은 주요 선진국 중 최저인 40%선에 머무르고 농업의 체질은 말할 수 없이 허약해졌다. 그리고 경쟁력이 약한 국내 농업을 보호하기 위해 수입쌀에 700% 이상의 고관세율을 적용한 탓에 시중 소비자 가격도 높다. 도대체 생산 조정은 누구를 위한 정책일까? 게다가 농가의 60%가 노인 세대다. 이대로라면 일본의 농업은 완전히 무너질 것이다.

한편, 2008년 봄 급등한 국제 곡물가격은 같은 해 가을부터 시작된 미국발 금융위기와 세계 동시 불황의 여파로 2009년에는 소강 국면에 접어들었다. 그러나 세계 인구의 증가와 신흥국의 경제성장이 계속되는 한 만성적인 식량 부족으로 인한 식량쟁탈전은 갈수록 격렬해질 것이고 식량안보가 바로 현실의 문제가 될 수밖에 없다.

이러한 국내외 상황을 배경으로, 아사히는 주식인 쌀의 생산 조정 정책을 폐지하고 자유롭게 생산을 늘리는 쪽으로 농업정책을 대전환함으로써 식량자급률을 높이고 쌀값을 인하하여 장차 농업을 경쟁력 있는 성장산업으로 발전시키자고 제언한다. 그리고 가격 인하로 줄어든 농가 수입 때문에 농업이 붕괴하지 않도록 국가가 소득감소분을 직접 보상하며, 의욕적인 농가와 기업을 집중적으로 지원하여 효율적인 대규모 영농을 도모하자고 주장한다.

2009년 5월, 농지 임대차(賃貸借)를 원칙적으로 자유화하는 농지법 개정안이 중의원을 통과했다. 일본의 농정개혁이 비로소 무거운 첫발을 내딛은 셈이다. 패전 직후 GHQ가 주도한 농지개혁 때부터 현재까지 이어온 '자작농주의(소유자=경작자)'를 개정하여 농지의 '소유'에서 '이용'으로 발상을 전환함으로써 자유로운 임대차의 길이 열린 것이다. 이에 따라 앞으로는 의욕과 능력을 겸비한 개인 혹은, 법인체가 전체 농지의 약 6%, 40만 헥타르에 달하는 유휴 전답을 부분적으로 모아 고효율 대량 경작이 가능해졌다.

그러나 농지법 개정은 하나의 전기일 뿐, 농정개혁의 장벽은 여전히 높고 두텁다. 무역자유화를 전제로 한 쌀 생산 조정 정책 개정안도 일시적으로 정계, 관계에서 토론이 뜨거웠지만 금방 식어버렸다. 각종 기득권익과 이권이 복잡하게 뒤엉킨 농정개혁은 결코 쉬운 일이 아니다.

한국의 식량자급률은 1995년에 이미 30%대를 밑돌기 시작했고 2008년에는 25%까지 떨어져 일본보다도 훨씬 낮은 수준이다. 설상가상으로 최근 정부가 전력을 기울여 추진 중인 외국과의 자유무역협정(FTA)에서는 농산물 수입 장벽 철폐가 매번 주요 이슈로 대두한다. 수출에 의존하는 국가경제를 감안하면 자유무역체제를 거부할 수는 없다. 그러나 한편에서 점차 현실로 다가오는 식량위기의 공포에 어떻게 대비할 것인가? 농가 전부를 대상으로 한 호별 보상이 아니라 강한 농가, 강한 농업을 육성할 중장기 전략은 무엇인가?

농정개혁은 전 국민의 생활과 식량안전보장이 걸린 국가적인 주요 과제다. 농가, 농협, 지방자치체, 중앙정부, 국회 등 관계자들뿐만 아니라 일반 소비자와 산업계도 농업정책의 향방을 엄중히 감시할 의무와 책임이 있다. 식탁에 대한 국민적 관심이 한껏 높아진 요즘이야말로 한국 농업의 내일을 열 농정개혁을 단행할 때다.

참의원을 '지방정치의 수부首府'로

❖ 정부와 국회를 '지역주권'에 적합한 형태로 바꾸자.
❖ 헌법 개정에 대한 논의는 '국가의 형태'를 핵심 의제로 해야
한다.

지금까지 이 '제언' 시리즈를 통해 20년 후 일본의 미래상을 그려 왔다.
이번 호는 정부와 국회의 새로운 형태에 대해 생각해보기로 하자.

주민의 생활과 관련된 일은 모두 해당 지역에서 결정한다. 이런 지역주
권을 철저히 관철하기 위해 지방자치체를 독립성이 강한 '지역정부'로 진
화시켜야 한다. 우리는 시리즈의 첫머리에서 그렇게 주장했다. 가장 중요
한 목적은 저출산·고령화로 사회보장비 부담이 늘어나고 외부로부터 국제
경쟁의 거센 파도가 밀려오는 가운데 한정된 재원과 인적 자원을 효율적으
로 활용하자는 것이다. 보다 구체적으로는 복지·육아·교육 등에 관한

행정 서비스를 지역 주민의 요구에 맞춰 적정 비용으로 제공할 수 있게 하며, 그 방안을 강구할 수 있는 권한도 재원·인재와 함께 지역정부로 이전하자. 지금까지 그런 미래상을 제언했다.

그러면 지역주권이 확립됐을 때 군살을 뺀 중앙정부는 어떤 역할을 해야 바람직할까? 핵심은 간단하다. 지역정부가 할 수 없는 일만 중앙정부가 담당한다. 이 원칙만 확고히 세우면 그 역할의 중심에는 자연스럽게 외교·방위·통화 관리·통상·치안 등이 남는다.

물론 내정 전반에 걸쳐 관여는 하겠지만 그것도 정책의 큰 틀만을 제시하고 지역정부가 주도하는 행정의 세부 사항에 대해서는 간섭하지 않는다. 예를 들어 복지 분야라면 전 국민에게 보장할 최저 수준의 설정이나 대략적인 제도 설계만으로 그친다. 교육은 지역정부가 시행하는 교육의 내용까지 세세하게 통제하지 않고 고등교육의 충실화와 최첨단 과학기술 육성에 힘을 쏟는다.

그간 중앙 부처가 독점해 온 각종 보조금 배분과 공공사업 배정 등에 대한 업무 및 권한은 분권을 통해 기본적으로 지방에 이전한다. 이렇게 되면 지역구의 요망사항을 중앙 부처에 전달해 주던 국회의원의 '입김'이 끼어들여지도 없어진다. 주민과 가까운 곳에서 의사결정이 이루어지면 그것만으로도 지역 주민의 감시 기능이 보다 쉽고 효과적으로 발휘될 수 있다.

중앙정부가 모든 것을 결정하고 지방은 그저 따라야 하는 지금의 '중앙집권국가'로부터 독립성이 강한 지역정부가 중앙정부와 역할을 분담하는 '지역연합국가'로 전환하자. 이것이 우리가 그리는 이상적인 국가상이다.

지역연합국가로 탈바꿈하는 데 보조를 맞춰서 국회의 형태도 크게 바꾸면 좋겠다. 지역정부를 대표하고 지역과 관련된 문제를 우선적으로 담당하는 역할을 참의원에게 맡기면 어떨까? 참의원을 '지방정치의 수부'로 삼자는 발상이다. 현재도 자치체들은 지방의 행정·재정에 관한 일까지 국가가 일방적으로 결정해버리는 데 대한 불만이 강하다. 이러한 상태를 해소하기 위해 이전부터 자치체들은 중앙과 지방이 협의할 수 있는 장을 법률로 명확하게 정하고 그 결정을 국정에 반영시키자고 요구해 왔다. 그 역할을 참의원에 맡기자는 것이다.

지방세법을 비롯하여 지역정부에 직접 관계되는 법안은 참의원이 먼저 심의하고 중의원은 그 결론을 존중한다. 국정과 지역 정치 양쪽 모두에 걸쳐있는 법안으로서 의결이 다르게 난 경우는 양원이 서로 협의한다. 또한 참의원은 중앙정부와 지역정부, 지역정부 상호 간의 재정조정 기능도 담당하게 한다. 앞의 2장에서도 논한 것처럼 지금의 지방교부세를 지역정부의 공동재원인 '지방공유세'로 발전시킨다. 그런 기반 위에서 지역정부에 대한 공유세의 배분은 중앙 부처가 아닌 참의원이 중심이 되어 결정하는 구조를 만드는 것이다.

참의원의 의원 선출 방법까지 개정하면 정권을 놓고 다투는 중의원과는 확연히 다른 참의원의 성격이 한층 분명해질 것이다. 후보자를 모아서 정당끼리 서로 겨루는 전국 일원적인 비례대표제를 폐지하고, 도·도·부·현 단위의 선거구만으로 의원을 선출하자. 정당은 지역사회가 안고 있는 문제들에 대해 해결할 의지와 실적이 있는 후보자를 지역민의 의중을 반영해서 선택하지만 어디까지나 추천만으로 그친다. 당선 후에도 현재의 중의원처럼 의원들이 정당별로 세력을 형성하거나 당 중앙의 결정에 구속당하는 일을 피할 수 있도록 하면 좋겠다. 이런 개혁은 현행 헌법의 테두리 안에서도 정당 간 합의를 통해 가능할 것이다.

더욱더 대담하게 개혁한다면 지방자치체 의원들이 간접선거로써 참의원의 의원을 뽑거나 지사, 시·정·촌의 장과 같은 지역정부의 대표자가 참의원 의원을 겸임하는 방법도 고려할 수 있다. 서구 각국에는 그런 실제 사례가 존재한다. 일본에서도 지금의 헌법을 제정할 때 지방의회가 참의원 의원을 지명하는 방법을 토론한 과거사가 있다.

한편으로 수상 선출 등에 우월적인 권한을 행사하는 중의원은 '국가 전략의 수부'다. 세계와 일본이 당면한 과제와 씨름하는 장으로서, 그러한 법안을 참의원보다 먼저 심의한다. 참의원은 중의원이 내린 결론을 존중하면서 그것을 재차 숙고하는 감시 기관으로서의 역할을 계속 담당한다.

야당이 다수를 점한 현재의 참의원은 정부·여당에 대해 저항력을 발휘하는 기관으로서 성격이 짙지만 앞으로 정권교체가 보편화되면 그럴 필요도 없어질 것이다. 이처럼 예상 가능한 새로운 환경까지 감안해서 양원의 역할을 크게 구분한다면 중앙과 지역의 정치 및 행정을 보다 수준 높고 효율적으로 추진할 수 있지 않을까.

여기까지는 하나의 아이디어에 지나지 않는다. 이런 엄청난 개혁을 실현하려면 넘어야 할 장애물도 많다. 철저한 지방분권을 위해서는 아예 헌법부터 그렇게 바꿔야 한다는 견해도 있다. 지금의 헌법 개정을 둘러싼 논의는 분명히 '국가의 형태'를 핵심 의제로 삼아야만 할 것이다.

지역분권을 향한 통치구조의 개혁

일본의 관료시스템이 말단까지 종적으로 편성되어 부처별 이기주의가 만연하고 상호 소통이 어렵다는 점은 예전부터 고질병으로 지적되어 왔다. 심지어 교육·복지·의료와 같이 저출산·고령화에 대비해서 종합적인 대책이 긴요한 분야까지도 부처별로 분단되어 있다.

아사히는 국가의 패러다임을 이러한 종적 분할체제에서 연대형의 '지역연합국가'로 전환할 것을 일관되게 주장한다. 이 시리즈 사설의 초반부에서도 지방자치체를 '주권'을 가진 지역정부로 격상시킴으로써 주민 생활에 가까운 업무는 전부 지역이 담당하고 지역에서 할 수 없는 일만 중앙정부에 맡기자고 했다. 이번엔 한걸음 더 나아가 현재의 참의원을 장차 지역정부의 대표 기관으로 재설정하고, '지방공유세'와 공공사업의 배분 등에 대한 지역별 조정 기능도 참의원에 부여하자고 제언한다.

일본에서는 1995년에서 2001년까지 존속한 지방분권추진위원회의 뒤를 이어 2007년부터는 지방분권개혁추진위원회가 수상의 새로운 자문기관으로서 출범했다. 중앙정부의 권한과 재원을 지방에 위임하기 위한 계획 마련이 주목적이다. 2008년 6월, 위원회는 자치체를 '지방정부'로 격상시키고 주요 업무를 중앙정부→도·도·부·현→시 쪽으로 가급적 이전한다는 방침의 권고문을 수상에게 제출했다. 그러나 아직은 '권고'일 뿐이며, 기득권을 지키려는 각 부처의 저항이 워낙 강해서 결론이 뒤로 미뤄진 과제도 많다고 한다.

지방분권을 위해서는 기존 자치체의 행정·재정 기반도 강화돼야 한다. 이를 위한 전제 작업으로 추진된 것이 시·정·촌 합병이다. 1999년부터 시작된 합병운

시 · 정 · 촌 합병 상황

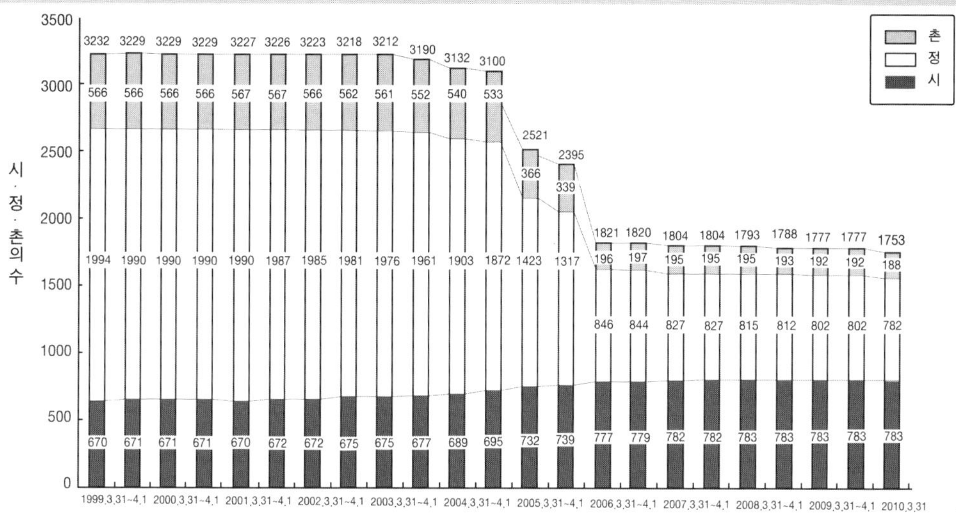

동의 결과 인구 1만 명 미만의 자치체가 70% 가까이 줄었다. 그러나 도쿄·오사카
등 대도시권과 산간·도서 지역에서는 합병이 거의 진척되지 않았다. 또한 자치체
의 재정 기반 강화라는 측면에서는 거액의 채무로 파산한 홋카이도 유바리시의
경험에 대한 반성으로 2009년 4월부터는 '지방공공단체 재정건전화법'이 시행
되어 자치체의 재정 재건과 건전화 계획 수립이 의무화되기도 했다.

　아사히가 세언한 국가적 패러다임의 전환에는 아직 전혀 못 미치지만 일본
정부가 나름대로 노력하는 것은 사실이다. 단, 지방분권화를 위해서는 정치가,
관료의 확고한 개혁 마인드가 뒷받침되어야 한다. 문제는 장기집권 정당인 자민
당이 밖으로는 지방분권의 당위성을 내세우면서도 실은 그럴싸한 시늉만 할
뿐이고, 실무를 추진하는 관료들도 장기 정권하에서 마치 자민당의 당원처럼
스스로 알아서 움직인다는 점이다.

　1995년 지방자치제 시행 이후 한국의 역대 정권도 지방분권을 꾸준히 추진
해 왔다. 현 정부도 2008년 12월 대통령 직속의 지방분권촉진위원회를 출범시켰
다. 중앙행정권의 포괄적인 지방 이양, 특별지방행정기관의 기능 조정을 핵심과

제로 삼는다고 한다. 하지만 국세·지방세 조정과 같은 주요 과제는 아직도 성과
가 극히 부진한 실정이고, 일각에서는 지역균형발전정책의 실질적 철회까지도
회자된다(2010년 1월 현재의 '세종시' 문제를 보라!).

지방분권은 정부와 지자체 사이의 권력 다툼이 아니다. 국민의 보다 나은
생활을 실현하기 위한 통치구조의 개혁이다. 분단 상황이 엄연한 한국에서 대통
령제를 혁파하기는 어렵다. 그러나 인적, 경제적, 문화적 자원이 서울과 수도권
에 집중된 이 나라가 구조적으로 너무나 취약하다는 점은 모두가 잘 안다. 지방
에, 그것도 도세(道勢)가 그지없이 미약한 강원도에 거주해 보면 권한과 재원의
이양, 그리고 지역균형발전이 참으로 절실한 과제임을 깊이 느낀다.

일본 도처에 '왁자지껄 공동체'를

❖ 정보화를 활용한 지역 간 '연대형 사회'를 만들자.
❖ 지역에 외부인의 관점을 수용하자.

저출산·고령화와 글로벌화 시대를 맞이하여 일본을 희망사회로 변화시키기 위해서는 중앙에서 지역으로 주권을 이전할 수밖에 없다. 이 '제언' 시리즈는 그와 같은 방향으로 일본의 미래상을 그려 왔다. 이제 마지막으로 어떻게 하면 지역을 활기차게 만들지를 생각해보자. 눈제 해결에 큰 힘이 되는 것은 정보화의 물결이다.

　디지털 카메라나 비디오로 찍은 영상을 인터넷을 통해 누군가에게 보낸다. 이런 정도의 정보 발신이라면 삼척동자도 쉽게 할 수 있는 시대가 되었다. 앞으로는 단순히 개인적 취미에만 머무를 게 아니라, 노인도 젊은이도 아이들도 함께 떠들썩하게 즐기며 뭐든 지역의 문화와 현황을 담은 콘텐츠를 만들어서 외부로 발신하자. 그런 '왁자지껄 공동체'가 일본 도처에 만들어지면 좋겠다. 그 옛날 촌락 공동체와는 달리 이 새로운 공동체는 누구나 참여할 수 있다. 게다가 외부의 어떤 곳과도 네트워크로 연결되며 어디로든 발신할 수 있다. 그런 정보화 시대의 개방성을 마음껏 살리고 싶다.

이미 조짐은 보인다. 그중 하나가 전국 각지에서 활약하는 '주민디렉터'다. "테레비(=텔레비전)는 보는 게 아녀. 직접 나가는 거여." 주민디렉터의 발상지 구마모토현熊本県 야마에山江 마을에서는 이런 구호를 내걸고 주민들이 직접 출연자, 제작자가 되어 지역의 맨얼굴을 담은 프로그램을 만들어서 인터넷과 케이블TV를 통해 내보낸다. 비슷한 시도를 하는 지역이 전국에 줄잡아 스무 곳은 된다.

지방만의 일이 아니다. 도쿄 스기나미杉並구의 주민디렉터들은 "도심 속의 새마을 운동"을 테마로 한 영상 프로그램을 만들었다. 지역 내 농가를 찾아 나선 "쭉 살리고 싶은 스기나미의 농업", 또 대도시이기에 가능한 "내가 사랑하는 콘크리트 강" 등등 때로는 멀리 후쿠오카현福岡県 도호東峰 마을의 주민디렉터들과 인터넷을 통해 의견을 주고받는 화상 회의도 한다. 그 불쏘시개 역할을 하며 전국을 동분서주하는 구마모토 지역민방의 전 PD 기시모토 아키라(岸本晃, 54세) 씨는 지역이 전국적인 네트워크로 연결될 때가 왔음을 실감한다고 말한다.

'왁자지껄 공동체'를 통해 모두 힘을 합쳐 프로그램을 만들면 어떤 효과가 있을까? 우선 지역 내의 연대감이 형성될 것이다. 또한 새로운 지역사회를 만드는 데 필요한 기획력·취재력·홍보력도 기를 수 있다. 하나의 프로그램이 만들어지는 화면 뒤의 과정까지를 생각하면서 TV를 시청하는 습관도 몸에 밴다.

다른 지역과 연계하면 가능성은 더욱 커진다. 비슷한 어려움을 겪고 있는 지역이 함께 해결책을 모색할 수도 있다. 잡초가 무성한 인근 지역의 영상을 보고 김매기를 도우러 달려간다. 젊은이가 없어 힘들다는 소식을 듣고 귀농을 결단하는 사람도 나올 것이다. 그리하여 농촌 재생에도 일조할 수 있다.

일의 성패를 결정짓는 것은 역시 사람이다. "지역의 생기를 북돋우는 것은 외지 사람, 젊은 사람, 미친 사람"이라는 말이 있다. 생각해보면 이 삼자의 존재와 상호 협력이야말로 지역 공동체의 정보 발신을 활성화시키기 위해 반드시 필요한 조건이다. 기시모토 씨 같은 '외지 사람'이 프로그램 제작과 외부 발신에 대한 노하우를 제공한다. 거기에 지역의 '젊은이'들이 가담해서 작업에 활기를 불어넣는다. 마지막으로 '미친 놈' 취급을 받을 정도로 정열과 행동력이 넘치는 사람들이 앞장서서 일을 적극적으로 추진한다.

'외지 사람'에 대해서는 좀 더 깊고 넓게 생각해 볼 여지가 있다. 지역이 지닌 매력을 주민 스스로 깨닫기는 어렵다. 오히려 외부인의 눈에 쉽게 띄지 않을까? 한 가지 실례를 들어보자. 홋카이도TV는 1997년 "홋카이도 아워hour"라는 프로그램을 제작해서 동아시아권을 향한 위성방송으로 송출했다. 그러자 뜻밖에도 타이완에서 홋카이도의 인기가 폭발해버렸다. 눈·목장·온천·곰 가족 등등 전혀 치장하지 않은 있는 그대로의 지역을 보여준 소박한 영상이 광대한 자연과 설경을 동경하는 남쪽 섬나라 사람들

상상 속의 동물 갓파를 이미지화 한
도노시의 상징 캐릭터 '가린짱'
(출처: 도노시 홈페이지)

의 심정을 한껏 매료시킨 것이다.

홋카이도TV의 도이즈미 미노루樋泉実 상무는 "그 일을 계기로 지역문화의 발신에는 외부로부터의 관점이 반드시 필요하다는 점을 확신했다"고 회고한다. 홋카이도를 찾는 타이완인 관광객은 97년에 5만 명 정도였으나 지금은 연인원 27만 명까지 늘었다. 한국·중국 등 동아시아 전체의 관광객도 급증하고 있다. 이런 식의 영상 정보를 통한 외부로부터 매력의 발견이 지역 관광으로까지 이어지면 관련 산업이 윤택해지고, 한편에서 외부의 시선을 의식한 지역 내 새로운 변화도 가속화된다.

또 다른 효과에도 주목하고 싶다. 한국의 서연호 고려대 명예교수는 최근 『일본문화 예술의 현장』(도서출판 문, 2008)이라는 책을 펴냈다. 일본 각지를 여행하며 느낀 문화의 다양성에 감탄한 나머지 한국도 참고하면 좋겠다고 생각했기 때문이라고 한다. 예를 들어 미야자키현宮崎県 구 난고南郷마을의 축제에는 한국에서는 벌써 예전에 자취를 감춘 축제의 원형이 남아있다. 이와테현 도노시遠野市에는 유명한 야나기타 구니오*의 『도노이야기遠野物語』에 소개된 옛 일본이 아직도 그대로 살아 있다.

* 야나기타 구니오(柳田国男, 1875~1962)_일본 민속학의 태두로 알려진 저명한 학자다. 민속학뿐만 아니라 역사학·사회학·문화인류학 등 인접 학문에도 지대한 영향을 끼쳤다. 사료만을 중시하는 문헌중심주의를 비판하고 서민의 생활문화사 해명을 목적으로 하는 민속학은 지역의 민속자료를 직접 수집하는 자세가 필요하다고 역설했으며, 이는 그 후 일본 민속학계의 상식이 되었다. 대표작 중 하나인 『도노이야기』는 험준한 산악지대인 도노 지방에 전해 내려오는 풍습·전설·괴기담 등을 수집, 정리한 책이다.

주민디렉터 양성강좌 참가자 모집 포스터

(출처: 시가현지역정보화추진회의)

"지역 주민이 전통문화를 생활 속 일부로서 유지하고 있는 것에 감동했
다. 그 매력을 좀 더 외부로 발신하면 좋을 것"이라고 교수는 말한다. 한국
과 중국은 과거의 침략국인 일본에 대한 반감이 뿌리 깊다. 하지만 지역이
주체가 되어 고장의 문화를 외부에 적극적으로 발신하면 일본에 대한 이미
지도 크게 달라질 것이다.

"지역의 '미래를 꿈꾸는 힘'을 우리는 응원한다. 지역을 위한 정보를
힘껏 발신하고 모두가 힘을 합쳐 지역을 새롭게 만들어 가자." 앞의 홋카이
도 방송은 최근 이러한 선언을 했다. 이에 따라 같은 방송국의 지상파 디지

털TV가 송출하는 데이터방송에서는 「구시로신문釧路新聞」, 「도카치마이니치신문十勝毎日新聞」 등 지역 일간지와 홋카이도 각지에서 자연의 변화를 관찰하는 통신원들이 전하는 정보도 게재한다.

앞으로 3년 후에는 지상파TV가 전부 디지털로 교체된다. 디지털TV의 특징을 살려서 서로 경쟁적으로 지역문화를 발신하는 그런 시대를 만들고 싶다. 채널 수를 대폭 늘릴 수 있는 것이 디지털 방송의 큰 장점이므로 '왁자지껄 공동체'에도 전파의 일부를 개방해서 국내만이 아니라 해외로도 지역 정보를 발신하면 좋겠다. 인터넷과 디지털 문화를 '왁자지껄 공동체'의 원군으로 삼아, 활기찬 지역 연대형의 일본 사회로 바꿔나가자. 그리고 동아시아와의 사회적 연대도 지향하자. 이 방향을 잘 지켜나가면 아주 자연스럽게 희망사회로 돌입할 수 있을 것이다.

'인터넷 강국'에서 지역 살리기

인터넷이 전국적으로 보급되면서 간단한 정보 발신이라면 누구나 쉽게 할 수 있는 시대가 도래했다. 조만간 지상파TV도 다채널의 디지털TV로 완전히 교체될 것이다. 아사히는 이런 정보화 시대의 다양한 매체를 활용하여 각지의 '와자지껄 공동체'들이 '주민디렉터'를 중심으로 제작한 지역 정보의 콘텐츠를 전국으로, 세계로 발신하자고 제언한다. 그리고 이를 통해 지역과 지역, 나아가서는 일본과 동아시아의 사회적 연대를 지향하자고 한다.

아사히가 제기한 '와자지껄 공동체'란 지역의 어떤 문제에 대해 남녀노소가 서로의 의견을 아무런 거리낌 없이 마음껏 주고받는 자유로운 토론의 장을 의미하는 것으로 보인다. 그 핵심적인 역할을 담당하는 사람이 '주민디렉터'다. 근년 일본에서 널리 사용되는 이 말은 인터넷과 TV 등 각종 미디어를 능숙하게 활용하여 개인과 개인, 지역과 지역 사이의 커뮤니케이션을 확대해 줄 프로그램을 제작·홍보하는 아마추어 프로듀서를 가리킨다. 이미 일본 각지에서 주민디렉터 양성을 위한 민·관 공동의 노력이 적극적으로 행해지고 있다.

주민들이 '와자지껄'한 토론을 거쳐 지역과 주민 생활의 미래를 위한 주제를 도출하면 주민디렉터들이 기획·촬영·편집·리포터 등을 담당하여 프로그램을 제작하고 각종 매체를 통해 외부로 이것들을 발신한다. 요컨대 주민 스스로 자신의 삶의 터전인 지역을 재발견하고 그 과정에서 생산된 문화 콘텐츠를 매개로 외부와 소통하는 것이다. 이런 일이 제대로 성사되려면 "외지 사람, 젊은 사람, 미친 사람"이 꼭 필요하다는 지적도 흥미롭다. 외부인의 눈에 띈 지역의 매력과 문제점을 오픈 마인드로 수용하고, 지역의 젊은이들이 변화의 중심에 서며, 뜨거운 열정을 가진 리더가 그들을 이끈다. 참 아름다운 이야기다.

한국은 아이에서 노인까지 초고속 인터넷망을 통해 게임·정보 검색·쇼핑·은행 업무·증명서 발급 등 여러 가지 일을 앉은 채로 처리하는 '인터넷 강국'이다. 디지털 TV방송도 일본과 거의 같은 시기에 전면적으로 시행된다고 한다. 정보화의 물결을 지역 사회의 저변으로까지 끌어들이자는 아사히의 제언은, 생존을 위해 발버둥치는 한국의 궁벽한 시골 마을, 지방 소도시를 위해서는 중요한 시사점이 될 수도 있다. 발달한 정보 매체를 지역 살리기에 어떻게 활용할지 젊은이들이 앞장서서 지혜를 모아 보자.

사족이긴 하나, 한국은 웹(World Wide Web)이 국제적으로 대단히 폐쇄적이어서 결코 '인터넷 강국'이 아니라고 단언하는 전문가도 있다. 최근엔 인터넷 실명제와 사이버 모욕죄 추진 등으로 폐쇄성이 더욱 강화되는 추세다. 그러나 별의별 '왁자지껄'한 주장들이야말로 민주주의의 근간임을 감히 부정할 수 있을까? 빈대를 잡는다는 핑계로 초가삼간을 불사르는 어리석음에서 이제는 그만 벗어나야 한다.

'헌법 25조'의 정의

❖ 현대에 어울리는 문화적인 생활을 추구하자.

❖ 각 정당과 국민도 희망사회에 동참하자.

"일본에 와서 보니 사람들의 눈에 희망이 가득하여 절로 힘이 난다." 전쟁의
참화로 대부분의 도시가 잿더미가 되고 살아남은 사람은 하루하루를 겨우
연명하며 살던 그 시절, 일본인의 마음을 따뜻이 어루만진 영국인 시인이
있었다. 문화사절단으로 1947년 일본에 와서 1950년까지 전국을 돌며 약
600회에 걸쳐 영문학을 강의한 에드먼드 블런던*이 바로 그 사람이다.
그가 남긴 위의 말은 1948년 1월 아라가키 히데오**가 아사히의 칼럼 "천성

* 에드먼드 블런던(Edmund Charles Blunden, 1896~1974)_런던 출신의 시인
겸 비평가. 일찍이 1924년부터 3년 간 도쿄제국대학(현 도쿄대학)에서 영
문학을 강의했다. 그 후 본문과 같이 전쟁 직후 영국 문화사절단의 일원으
로 재차 도일해서 각지를 돌며 강연 활동을 했다.

** 아라가키 히데오(荒垣秀雄, 1903~1989)_「아사히신문」의 논설위원으로

(출처: 일본 모야이 홈페이지)

인어 天声人語"를 통해 독자에게 전했다.

당시 일본에는 활짝 갠 맑은 하늘 외에 볼만한 건 아무 것도 없었다. 하지만 똑같은 하늘이라 해도 그토록 무섭던 적기의 공습은 이제 더 이상 없다. 하늘에 평화가 돌아왔듯이 사람들의 생활도 당장은 힘들지만 내일부터는 좋아질 것이다. 그러한 바람이 희망의 빛이 되어 눈동자에 깃든 게 아닐까. "자, 다시 일을 시작하자! 그리고 언젠가는 부자가 되자!" 그렇게 이를 악문 시간이 50, 60년대까지 이어졌다. 죽기 살기로 악착같이 땀 흘린 결과 생활은 풍요로워졌다. 물자가 넘쳐나고 마이카도 마이홈도 당연한 일처럼 되었다.

하지만 겉으로 드러난 번영과는 반대로 사람들은 약해지고 고독해졌다. 삶을 의지해 온 회사가 자신을 정년까지 고용해줄지 수상쩍다. 가족의 유대감이 약해졌다. 그리고 무엇보다도 '희망'이 보이지 않게 되었다. 눈앞을 태산처럼 가로막는 엄청난 국가 채무와 급속히 진행되는 저출산·고령화, 슬그머니 다가온 경제력의 쇠퇴 등등…….

그러나 미래를 살아 갈 우리 아이들에게는 불안보다 희망을 안겨주고

서, 동 신문의 대표적인 칼럼 "천성인어"를 1932년부터 약 18년간에 걸쳐 집필했다. 저널리스트 겸 평론가로 잘 알려져 있다.

싶다. 그래서 다시금 되돌아본 것이 패전 후 우리의 선배들이 모든 국민을 향해 제시한 어떤 이상理想이다. 「일본국헌법」에는 "인간이 인간답게 살 권리를 갖는다"는 조문이 있다. 바로 헌법 제25조다.

1. 모든 국민은 건강하고 문화적인 최저한도의 생활을 영위할 권리가 있다.

2. 국가는 국민 생활의 모든 부문에 관하여, 사회복지·사회보장·공중위생의 향상 및 증진에 힘써야만 한다.

이 규정은 연합국군 총사령부(GHQ)가 애당초 제시한 헌법 초안에는 없었다.* 중의원의 헌법심의위원회에서 모리토 다쓰오森戸辰男(1888~1984) 사회당 의원과 같은 일본인들에 의해 추가된 조문이다.

그 당시, "문화적인 최저한도의 생활"이 어느 정도를 의미하느냐는 질문을 받은 모리토 씨는 "국가의 그때그때 문화 수준에 맞는 최저한도의

* **GHQ와 일본국헌법의 제정**_패전 후 일본을 접수한 GHQ는 냉전이 격화되기 전까지는 일본의 민주화와 비군사화를 점령정책의 기본 강령으로 삼았다. 그때 핵심적으로 추진된 것이 신헌법 제정이다.
처음 일본 정부는 1889년 제정된 「대일본제국헌법」을 일부 자구 수정하여 종래의 천황제를 그대로 유지한 개정 요강을 GHQ에 제출했으나 거부당한다. 그 후 GHQ가 직접 초안을 작성하고 그것을 기초로 한 정부안이 제국의회의 심의와 수정을 거쳐 1947년 5월 3일부터 시행되었다. 의회 심의과정에서는 모리토 다쓰오 사회당 의원 등이 제안한 국민주권, 생존권 규정등이 추가되었다고 한다.
새 헌법은 국민주권·전쟁 포기·기본적 인권의 보장을 대원칙으로 삼고국회를 국권의 최고 기관으로 자리매김했다. 특히 제9조의 전쟁과 군사력포기 조항이 헌법 정신을 상징한다하여 '평화헌법'으로 통칭된다. 이 헌법은 그간 보·혁 갈등의 최대 쟁점으로 여러 차례 위기를 겪으면서 아직 한번도 개정되지 않았으나, 조만간 제9조를 중심으로 한 부분 개정이 거의확실시된다.

생활이란 의미"라고 설명했다. 일정한 복지 수준을 전제로 한 것이 아닌, 나라 전체의 생활이 향상되면 복지도 따라서 좋아져야 한다는 사고방식이다.

헌법 25조는 걸핏하면 생활보호의 최저 수준을 확보하도록 규정한 조문으로만 취급되어 왔다. 하지만 제2항에서 알 수 있듯이, 실은 국민 생활의 모든 범주에 걸쳐 사회복지를 확충하는 것을 목표로 삼고 있다. 그 정신이 제도화라는 결실을 맺은 시기가 영화 "3번가의 석양"*의 배경이 된 1958년에서 59년 무렵일 것이다. 이 2년 동안에 '최저임금법', 전 국민의 가입을 목표로 한 '국민건강보험법' 개정, 자영업자까지 대상을 확대한 '국민연금법'이 차례로 공표되었다. 바로 기시 내각 때다.

기시 노부스케** 수상으로 말하면 1960년의 '미일안전보장조약' 개정이나 '경찰관직무집행법' 개정 등 강경 노선으로 국론을 양분시켰다는 인상이 강하다. 하지만 당연히 추방해야 할 '삼악三惡'(매춘·마약·성병)에 빈곤을

---

* 올웨이즈 3번가의 석양(ALWAYS三丁目の夕日)_만화 「3번가의 석양」을 원작으로 하여 야마자키 다카시(山崎貴) 감독, 니혼TV·요미우리신문 공동 제작으로 2005년 개봉된 영화다. 막 고도성장기로 접어든 1950년대 후반을 배경으로 도쿄 외곽 올웨이즈 3번가의 한 가족과 이웃들의 서민적인 삶을 소박하고 아름답게 그려냄으로써 대중적으로 큰 사랑을 받았다. 2006년 일본아카데미의 최고 감독상·편집상·각본상 등 12개 부문을 수상했으며, 2007년 속편이 제작되었다.

** 기시 노부스케(岸信介, 1896~1987)_태평양전쟁 때 도조 히데키(東条英機, 1884~1948) 내각의 상공부 장관을 역임했다. 패전 후 A급 전범 용의자로 체포되었지만 GHQ의 소위 '역코스' 정책 덕분에 석방되어 정계 복귀후 1957년 수상에 취임했다. 1960년 신미일안전보장조약의 비준을 강행함으로써 정권에 대한 국민의 비판이 일시에 고조되어 전후 최대 규모의데모와 전국 총파업이 일어났고, 조약 발효 후 내각은 총사퇴했다. 아베 신조(安倍晋三, 수상 재임기간 2006.9~2007.9) 전 수상이 그의 외손자다.

반빈곤(反貧困) 네트워크가 펼치는 반빈곤 캠페인의 심볼 마스코트 '힌키(貧鬼)'
(출처: 일본 반빈곤 네트워크)

추가하고 이를 위한 경제정책과 사회보장제도를 확충한 업적도 있다.

기시 씨가 마치 안보조약 개정과 정사情死하듯이 정권을 물러난 후에 들어선 이케다 정권*은 소득배증을 슬로건으로 내걸었고 그 후 일본은 성장노선을 치달렸다. 국민의 노력에 힘입어 사회 전체의 생활수준이 향상됨에 따라서, 굳이 헌법 25조를 내세우지 않아도 복지는 개선되고 순풍의 시대가 이어졌다.

하지만 그것으로 끝이었다. 두 번에 걸친 석유위기와 그 후 '거품 경제'의 발생 및 붕괴가 경제의 흐름을 결정적으로 바꿔놓았다. 저성장으로 돌아서면서 세금 수입은 기대만큼 늘지 않았다. 성장세로 되돌리기 위해 감

* 이케다 하야토(池田勇人, 1899~1965)_1960년 기시 내각이 안보 문제 등으로 퇴진한 후 그 뒤를 이어 1964년까지 수상을 역임했다. 그가 내건 '소득배증계획'은 1961년 당시 약 13조 엔이던 국민총생산을 향후 10년 사이에 그 두 배인 26조 엔까지 끌어올리겠다는 야심찬 정책이다. 결과적으로 7년 만에 목표를 달성함으로써 국민의 관심을 정치에서 경제성장으로 일거에 전환시키고, 그 후 자민당 장기집권의 기반을 확고히 했다는 평가를 받는다. 하지만 일본 사회의 보수화와 '거품 경제'가 이때부터 시작되었다는 비판도 있다.

세와 경기자극책을 반복했다. 그 결과 복지도 공공투자도 국채에 대한 의존도가 한계점에 다다랐다. 미래에 대한 희망이 점점 흐려져 가는 지금, 헌법 25조의 정신이 새삼스레 우리에게 묻는다.

현실에 적합한 "문화적인 최저한도의 생활"이란 어떤 것인가?

이 질문에 대한 답을 지금의 척도로 다시 생각하자. 그리고 '모든 국민'이 문화적인 생활의 수혜자가 될 수 있도록 제도를 개선하지 않으면 안 된다. 이 혜택을 거저 누릴 수는 없다. 모두의 노력과, 복지에 상응하는 부담, 서로를 떠받쳐 주는 '연대'라는 기반이 반드시 필요하다. 우리가 지금까지 거듭해 온 제언도 궁극적으로는 이 한 점으로 모아진다.

그 해결을 위해 선두에 서야 할 것은 정당이다. 각 정당은 장차 도달해야 할 문화생활의 구체적인 수준을 밝히고 목표 달성을 위한 이정표와 그에 따른 부담을 국민 앞에 확실히 제시하기 바란다. 이런 정책을 '희망사회를 향한 계약'으로서 매니페스토(=정권공약)로 내걸고 국민의 지지를 얻기 위해 경쟁해야 한다.

국민 한 사람 한 사람도 이런 문제를 깊이 고려해야 할 것이다. 우리가 자식과 손자들의 성장을 즐거워하는 것처럼, 그 세대를 위해 희망을 남기는 일도 큰 즐거움으로 삼고 싶다.

헌법의 국민 생존권과 사회적 기업

헌법은 '국민을 위해' 국가를 통치하는 대원칙이다. 또한 국가 권력이 국민 개개인의 자유와 권리에 개입하지 않도록 제어하는 근본 법규이기도 하다. 그런데 「일본국헌법」 제25조는 생존권 보장을 위해 국가가 국민 생활에 개입할 것을 요구한다. 양자는 언뜻 보기에 모순적일 수 있다. 그러나 헌법이 정한 생존권의 본질은 국민 개개인이 아무리 노력해도 불합리한 정책이나 사회구조로 인해 자립적으로 생존할 수 없을 때, 그러한 장애물을 배제해 줄 국가의 의무를 규정한 것이다. 따라서 헌법의 정신과 국민 생존권은 상호보완적이다.

패전 후 일본 국민은 피땀 흘려 노력한 결과 세계적인 경제대국을 이룩했다. 하지만 '거품 붕괴' 이후의 장기 불황 속에서 사회 전체가 예전의 활기를 잃어버렸고 내일에 대한 희망도 옅어졌다. 물질적으로는 세계 유수의 풍요로움을 획득했지만 사회를 구성하는 시스템이 여러 면에서 피로 현상을 일으킨 것이다. 이런 상황에서 아사히는 후대에 희망을 남기기 위해 헌법 25조의 정신을 되새기고 누구나 현실에 부합하는 최저한의 문화생활을 영위할 수 있도록 정낭이 앞장서라고 제언한다.

우리 헌법에서 국민 생존권을 규정한 것은 제34조다. 그 ①항은 "모든 국민은 인간다운 생활을 할 권리를 가진다". 그리고 ②항은 "국가는 사회보장, 사회복지의 증진에 노력할 의무를 진다"라는 내용이다. 이어서 ③은 여성, ④는 노인과 청소년, ⑤는 장애인에 대해 그 복지와 권익 향상을 국가의 의무로 정하고 있다.

①항의 "인간다운 생활을 할 권리"란 단순히 물질적인 최저 생활만을 의미하는 것이 아니다. 34조의 조문 전체를 종합하면, 사회적 약자를 포함하여 모든

국민의 문화적인 최저 생활을 국가가 보장해야 하는 것으로 이해된다. 그러나 현실적으로 한국 사회는 아직 절대 빈곤에 허덕이는 사람이 너무나 많고, 국가의 복지정책도 아직은 여기에만 초점이 맞추어져 있는 것으로 보인다.

생존권 확보를 위해 더욱더 중요한 것은 국민과 기업의 책임이다. 주권을 가진 국민이란 국가 권력과 행정기관에만 기대는 수동적인 존재가 아니다. 스스로 적극적으로 행동해서 문제를 해결하고 자신들의 사회를 주체적으로 만들어 가는 존재다. 헌법의 생존권도 그런 국민의 주체성을 전제로 한 것이다. 아사히가 본문에서 "서로를 떠받쳐 주는 '연대'라는 기반"의 중요성에 대해 언급한 것도 바로 이 때문이다. '연대'의 유력한 실마리는 사회적 기업에서 찾을 수 있다. 방글라데시에서 가난한 여성들에게 무보증으로 소액의 창업 자금을 융자하여 자립을 도운 그라민은행(Grameen Bank)이 2006년 노벨평화상을 받음으로써 사회적 기업은 널리 알려졌다. 구미에서는 이미 1980년대부터 시작되어 전 세계를 대상으로 빈곤, 전쟁 피해 등의 문제와 씨름하고 있다.

이때 간과해서는 안 될 점은 기업의 채산성과 행정기관의 이해다. 사회적 기업은 꿈과 선의와 인내심만으로는 존속할 수 없다. 기업가다운 창의력과 효율성으로 채산성을 높여서 비즈니스와 사회공헌이 양립해야만 발전할 수 있다. 또한 관료 중에는 사회적 기업가를 가난한 사람을 등치거나 정부 정책에 일일이 딴죽을 걸고 행정의 관할권을 침범하는 눈엣가시로 보는 경향이 뿌리 깊다. 오히려 복지행정의 손길이 채 미치지 못하는 문제를 보다 효율적으로 해결하는 파트너로 인정하고, 그들이 마음껏 활동할 수 있도록 제도와 규제의 장벽을 없애줘야 한다.

일본이라는 거울에 비춘 한국의 미래와 '희망'

수많은 일본의 대중 매체 가운데 비판적 지성들이 가장 선호하는 일간지가 「아사히신문」입니다. 그 아사히가 2006년 봄부터 약 1년간에 걸쳐 "새로운 전략을 찾아서"라는 대주제로 여러 차례 특집을 꾸몄습니다. 헌법 제정 60주년을 맞이한 2007년 5월 3일에는 지금까지의 주장을 집대성하여 "제언·일본의 신전략"이라는 제목으로 21편의 사설을 한꺼번에 게재하고, '지구에 공헌하는 국가'를 지향하기 위한 국제 전략을 제시했습니다.

이미 이것들은 한 권의 단행본으로 묶여서 출간되었습니다(『地球貢献国家と憲法: 提言·日本の新戦略』, 2007년 11월). 독자 여러분의 편의를 위해 책의 목차와 아사히에 게재된 시기를 소개합니다.

第1장 세계 속의 일본 (2006년 4월 23~27일)
第2장 에너지 안전보장 (2006년 6월 4~7일)
第3장 글로벌화와 일본 (2006년 8월 27일~9월 1일)
第4장 아시아 속의 일본 (2006년 11월 4일~11월 9일)
第5장 이슬람과 일본 (2007년 1월 7일~1월 11일)
第6장 21세기의 안전보장 (2007년 3월 19일~3월 30일)
第7장 21세기의 안전보장II (2007년 4월 16~20일)
"제언·일본의 신전략 사설21" (2007년 5월 3일)

이 책은 위 책의 후속편이자 일본 국내용 미래전략으로 아사히가 제시한 시리즈 사설 "희망사회를 위한 제언"(2007년 10월~2008년 4월. 총 24회)을 학생들과 함께 공들여 번역하고 미력하나마 각주와 해설, 참고자료를 덧붙인 것입니다. 이는 아직 아사히 쪽에서도 단행본으로 출간되지 않았습니다. 우리의 필요에 따른 주체적인 문화 수용이라고 생각해주시면 감사하겠습니다.

저희 강릉원주대학교 일본학과에는 학생 자율로 운영되는 몇 개의 스터디 그룹이 있습니다. 그중 이 작업을 진행한 것은 '후지不二포럼'이라는 소모임입니다. 주로 일본의 명저를 윤독하며 일본 사회와 문화를 보다 넓고 깊게 이해하자는 취지의 모임인데, 이름이 너무 거창해서 송구스럽습니다.

제가 아사히의 "희망사회를 위한 제언" 시리즈를 학생들에게 권하고 평역, 출간하기로 마음먹은 것은 아래와 같은 이유에서였습니다.

첫째는 이 시리즈가 일본 사회의 현실을 깊이 이해하는 데 도움이 될 뿐 아니라 한국 사회와도 오버랩되는 부분이 아주 많다는 판단 때문이었습니다. 저출산·고령화라는 근본적인 문제 외에도 지역분권, 성장과 분배, 비정규직과 청년실업, 연금과 보험, 미래형 학력, 단일민족신화 등등 아사히가 제기한 일본의 현안들은 한국에서도 너무나 중요한 사안들이고 오히려 우리 사회의 현실이 더욱 암울하게 느껴지는 면도 있습니다. 책의 서문에서 아사히의 전 논설주간 와카미야 요시부미若宮啓文 씨가 부드럽게 지적한 대로, "바로 지금이나 머지않은 장래의 한국에 그대로 적용할만한 비전"이 내용 속에 풍부하게 담겨 있다고 생각합니다.

둘째는 보다 지엽적이고 개인적인 이유로, 오로지 일본어 학습에만 집착하고 그 사회와 문화에 대해 별다른 관심을 갖지 않는 우리 학생들을

계몽하고 싶어서였습니다. 조금 비약해서 말씀드리면, 취업을 위한 '스펙'
(잡코리아의 구직 희망 대졸자 평균 스펙: 학점 3.7점, 토익 811점, 자격증 2.7개)을 갖추는 일은 물론
중요합니다. 그러나 대학생활과 20대 전체를 통해 자신이 진정 무엇을 원
하며 어떤 일을 할 것인가를 찾아 헤매는 일은 피해선 안 될 인생의 본질적
인 고민입니다. 게다가 이런 젊은이의 '꿈'과 '뜻'을 세우는 첫걸음은 나
자신과 사회의 '관계'에 대한 숙고에서 출발하는 것임에도 제가 겪은 많은
학생들이 이 사회와 세상사에 무심한 것이 참으로 안타까웠습니다.

한국이든 일본이든 일반 국민에게 가장 절실한 것은 미래를 위한 '희망'
아닐까요? 정치가, 정당, 학자, 매스미디어들에게는 국민에게 희망을 제시
할 의무가 있습니다. 책임 있는 지도자라면 대중을 현혹하는 장밋빛 미래가
아니라 현실의 근원적인 문제를 직시하도록 요구하고, 고통이 따르더라도
미래를 위해 지금, 우리가, 무엇을 해야 하는가를 분명히 제시해야 합니다.

현실적이면서 또한 총체적인 미래상을 그려내는 일도 그 사회의 축적
된 역량이라고 생각합니다. 일본에서는 「아사히신문」이 전 국민을 대상
으로 하여 국가의 중장기적인 국제전략과 국내전략을 내놓았습니다. 그리
고 아사히가 제언한 주장의 상당 부분이 근자에 출범한 민주당 정권의 정책
공약에 담겼습니다.

우리 사회는 어떨까요? 과문한 탓이기도 하겠으나 저로서는 이 땅의
수많은 정치가, 정치학자, 권위 있는 미디어들이 눈앞의 현실에 대한 단기
처방에만 급급할 뿐, 현안을 다각적이고 심층적으로 검토하여 그것에 기
초한 국가의 중장기적인 미래 항로를 제시할 여력을 갖지 못하는 듯 보입니
다. 그래서 우리의 역량으로 현실에 기초한 체계적인 미래상을 그려낼 수

있기를 고대하며, 그런 뜻을 가진 분들께 이 책이 조금이나마 도움이 되길 바랍니다.

책을 만드는 직접적인 작업에는 2008년 7월부터 약 1년 2개월이란 시간이 걸렸습니다. 대학원이 없는 학과에서 학부생들이 초벌 번역부터 해설까지 엄청난 땀을 흘렸습니다. 후지포럼의 김태규, 김복희, 박명신, 오영해, 김보람, 전현미, 김무현과 그 외에도 많은 학생들이 참여했습니다. 특히 김태규 군은 성질 고약한 저에게 온갖 '구박'을 받으면서도 처음부터 끝까지 다른 친구들을 잘 이끌어 주었습니다. 2009년 여름방학의 막바지 작업은 김무현 군이 각종 자료를 모으고 다듬느라고 악전고투했습니다.

일차적으로 저희 학생들을 위해 시작한 일이었지만, 그들에게는 스스로 이 일의 주체이며 자신의 대학생활을 의미 있게 만드는 작업이라는 의식이 미약했던 면도 있습니다(시간이 더 필요하겠지요). 그들과 함께 한 지난 시간이 제게 인생의 소중한 의미로 남은 것처럼, 그 각자에게도 이번 일이 두고두고 회상되는 학창시절의 중요한 기억이 되길 바랍니다.

번역과 출간을 허락해 준 「아사히신문」에 감사드립니다. 또 별로 시장성을 기대할 수 없음에도 두말없이 흔쾌히 간행을 수락하고 늘 깊은 애정으로 격려해주신 논형출판사 소재두 사장님께 마음 깊이 감사의 말씀을 올립니다. 끝으로 일의 의미를 공유하며 성원해주신 강릉원주대 교수학습연구회의 여러 동료 교수들께도 감사의 마음을 전합니다.

2010년 2월

박경수